编委会

主　编　彭海蕾　杨　焱

编　委　（按姓氏笔画为序）

申玉荣　李荣伟　任晓燕　杨瑞清

柯小卫　胡琳琳　高勤丽　彭迎春

幼儿园里的『活教育』

陈鹤琴教育思想研究与实践

YOU'ERYUAN LI DE HUOJIAOYU
CHENHEQIN JIAOYU SIXIANG YANJIU YU SHIJIAN

主编

彭海蕾 杨焱

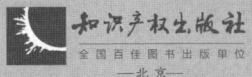

图书在版编目（CIP）数据

幼儿园里的"活教育"：陈鹤琴教育思想研究与实践 / 彭海蕾，杨焱主编 . —北京：知识产权出版社，2022.3

ISBN 978-7-5130-8071-2

Ⅰ . ①幼… Ⅱ . ①彭… ②杨… Ⅲ . ①学前教育—教学研究 Ⅳ . ① G612

中国版本图书馆 CIP 数据核字（2022）第 029078 号

内容提要

北京陈鹤琴教育思想研究基地幼儿园尝试建立以儿童为中心，多渠道、多形式的本土化教育实践样态，各园打造具有体育游戏、生活化课程、绘本阅读、戏剧教育、劳动服务等园本特色，集目的论、方法论、课程论为一体的"活教育"思想体系。

本书将近年来北京市多家陈鹤琴基地市区级优质幼儿园的教育研究与实践汇集成册，将优秀的教科研成果与优秀案例分享给更多的幼教工作者及幼儿父母，希望能够给关注幼儿发展的人们提供新思路、好做法，从而帮助更多幼儿园提升教育教学质量、加强内涵建设、提升软实力。

责任编辑：刘晓庆　　　　　　　责任印制：孙婷婷

幼儿园里的"活教育"——陈鹤琴教育思想研究与实践
YOU'ERYUAN LI DE "HUOJIAOYU" —— CHENHEQIN JIAOYU SIXIANG YANJIU YU SHIJIAN

彭海蕾　杨　焱　主编

出版发行：知识产权出版社 有限责任公司		网　址：http://www.ipph.cn	
电　话：010-82004826		http://www.laichushu.com	
社　址：北京市海淀区气象路 50 号院		邮　编：100081	
责编电话：010-82000860 转 8073		责编邮箱：laichushu@cnipr.com	
发行电话：010-82000860 转 8101		发行传真：010-82000893	
印　刷：北京中献拓方科技发展有限公司		经　销：新华书店、各大网上书店及相关专业书店	
开　本：787mm×1000mm　1/16		印　张：18.5	
版　次：2022 年 3 月第 1 版		印　次：2022 年 3 月第 1 次印刷	
字　数：258 千字		定　价：88.00 元	

ISBN 978-7-5130-8071-2

出版权专有　侵权必究
如有印装质量问题，本社负责调换。

前　言

20 世纪 40 年代，陈鹤琴（1892—1982 年，我国现代著名教育家、儿童心理学家）先生提出"活教育"学说。"活教育"主张教育与生活密切关联，培养"活的人"，创造向上、向前的新生活。"活教育"突出与国家前途、命运和时代、社会发展方向密切联系的时代性；形成教育目标、过程和标准完整教育理论的系统性；将心理学原理应用于教育实践中的科学性的特点。陈鹤琴满怀期待地写道："我们要活的教育，教材是活的，方法是活的，课本也是活的。我们大家一齐振作起来，研究儿童的切身问题，为儿童谋福利。尽量地利用儿童的手、脑、口、耳、眼睛，打破只用耳朵听、眼睛看，而不用口说话、用脑子想事的教育。我们不能再把儿童的聪明、儿童的可塑性、儿童的创造能力埋没了，我们要效法狂风暴雨的精神，对教育也要用同样的手段纠正过来，开发未来。"一段时期以来，中国学前教育研究存在对西方教育理论的路径依赖，在本土理论与实践创新上显得不足。陈鹤琴先生提出"活教育"要把死气沉沉的教育变为前进的、自动的、活泼的和有生气的教育，"教师就要教活书、活教书、教书活，学生则要读活书、活读书、读书活"的教育理念和方式至今仍有时代价值。

《幼儿园教育指导纲要（试行）》指出，幼儿园教育内容可基本划分为健康、语言、社会、科学和艺术五大教育领域。这"五大领域"的观点基本涵盖了一个身心健康、和谐全面发展的幼儿个体所应该发展的各个方面。在幼儿园日常教育教学活动中贯彻"五大领域"的理念，在教育目标和具体教育活动设计方面，一方面要符合各领域内容自身教育规律，另一方面又要相互渗透、有机结合,从不同维度促进幼儿情感、态度、能力、知识和技能等身心发展的各个方面。依据陈鹤琴先生"活教育"理论,幼儿的一日生活即教育,只有真实的生活才会更加自然地与五大领域进行衔接。教育活动不是随意的、盲目的,而是要在正确儿童观、学习观基础上针对不同年龄特点的幼儿进行有目的规划与设计,全面、均衡地促进幼儿的发展。

北京陈鹤琴教育思想研究基地幼儿园尝试建立以儿童为中心,多渠道、多形式的本土化教育实践样态,各园打造有体育游戏、生活化课程、绘本阅读、戏剧教育、劳动服务等园本特色,集目的论、方法论、课程论为一体的"活教育"思想体系。

本书将近年来北京市多家陈鹤琴基地市区级优质幼儿园的教育研究与实践汇集成册,将优秀的教育科研成果与优秀案例分享给更多的幼教工作者及幼儿父母,希望能够给关注幼儿发展的人们提供新思路、好做法,从而帮助更多幼儿园提升教育教学质量、加强内涵建设、提升软实力。

感谢北京市东城区光明幼儿园、北京市东城区崇文第三幼儿园、北京市清华洁华幼儿园、北京市第三幼儿园、北京市东城区安乐幼儿园、北京市朝阳区松榆里幼儿园、北京市东城区前门幼儿园、北京市西城区棉花胡同幼儿园、北京市顺义区杨镇中心幼儿园、中央军委机关事务管理红星幼儿园丰台园、国家机关事务管理局花园村幼儿园等单位的支持。

本书是北京市社科基金课题"京津冀学前教育协同发展资源共享机制与实践研究"(17JYB011)的研究成果,同时也得到了朝阳社区学院委托课题资金的支持。

目 录

第一编 "活教育"中的幼儿游戏

如何在游戏中以问题情境引领幼儿深度学习（张炜玮）……3

幼儿园定向游戏设计与组织的实践研究（绳海静）……9

幼儿自主建构游戏的探究与实践（姬 媛）……16

利用自然资源，提升幼儿自主学习的能力（李 响）……22

从兴趣点出发，促进幼儿主动学习（朱 凡）……27

把握幼儿年龄与游戏特点，创设班级发展性区域游戏环境（刘 芳）……33

中大班幼儿建构区合作行为研究（李 静）……43

运动游戏中指导家长提升幼儿创新性学习品质的有效策略（侯晓红）……48

"活起来"的色彩游戏让幼儿爱上表达（任晓燕）……53

在自由宽松的教育环境下树立幼儿自信心（李 曼）……59

户外区域游戏中幼儿动态平衡能力发展的指导策略（陈 炜）……65

开放性区域活动促进小班幼儿主动游戏的研究（李 环）……70

第二编 "活教育"课程

浅谈如何让数学自然地渗透在幼儿一日生活中（刘 芸）……79

幼儿早期阅读行为习惯培养研究（陈 玲）……85

充分发挥幼儿一日生活中过渡环节教育价值的实践研究（吴　超）……………91
浅谈如何用公园环境资源对幼儿进行科学教育（朱欣珏）………………………97
利用园所周边自然资源，开展大班科学探究活动的研究（郑　帼）……………103
在主题活动中促进幼儿自主发展——"有趣的造纸"（刘　颖）………………108
"前门胡同我的家"大班生活化课程的实践研究
　　（刘　利　于景怡　李沐子）……………………………………………114
培养幼儿爱国尚礼教育指导策略的研究
　　（郝海鸥　杨丽丽　冯月仙　于景怡）…………………………………120
基于陈鹤琴教育思想下的幼儿园实践研究（李丽丽）……………………………126
借鉴陈鹤琴"活教育"的思想培养幼儿"服务能力"的应用研究
　　（申玉荣　胡琳琳）………………………………………………………132
讲述活动促幼儿的创造性思维能力的发展（单　旭）……………………………138
"活教育"指导下有效开展小班幼儿体育活动（高云红）………………………146
音乐活动中激发幼儿创造力的研究（宋云娜）……………………………………152
幼儿园生活化课程资源的开发与利用（倪　喆）…………………………………157
开放式区域户外体育活动的支持策略（赵湘霞）…………………………………162
如何有效把握骑小车活动的运动量（刘梅卉）……………………………………167
敏捷梯在幼儿园体育活动中的应用（李　佳）……………………………………172
幼儿园开设体能课的历程及思考（甘　瑾）………………………………………179
结合陈鹤琴教育理论，借助绘本提升中班幼儿数学探究的乐趣（刘　倩）……185
基于幼儿生活经验开展社会实践活动，促进大班幼儿自主交往
　　能力发展（金　东）………………………………………………………190
在面对面沙龙互动中引领家长真实应用陈鹤琴家庭教育原则（赵　萍）………196

第三编 "活教育"活动案例

大班家长沙龙活动:起床不拖拉(张桂华)……………………………203

中班语言活动:滴滴打车游北京(赵 军)……………………………208

大班科学活动:真假小青蛙(王玉娜)…………………………………213

中班艺术活动:海绵创意画(韩剑杰)…………………………………219

大班主题活动:我们来策划清华洁华幼儿园(朱家辰)………………227

小班"找一找"主题系列活动:发现春天(舒 丽)……………………233

大班主题活动:秋天丰收的果实(马 兰)……………………………240

大班舞蹈活动(关 博)…………………………………………………245

大班"小动物狂想曲"主题系列活动:让春天"活"起来(兰 渝)……250

大班社会活动:秋游职业体验(杜泉洁)………………………………270

大班社会活动:我会设计安全标志(曹 月)…………………………275

大班社会活动:我和小车的不解之缘(贾晓青 顾 宇 高 洋 张 旭)……281

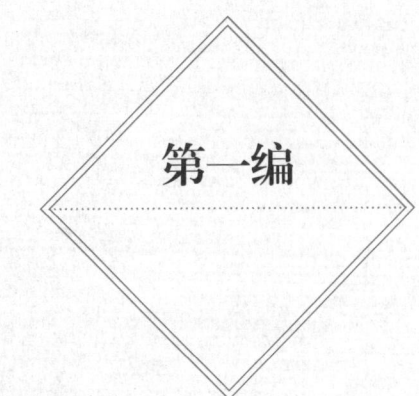

第一编

"活教育"中的幼儿游戏

如何在游戏中以问题情境引领幼儿深度学习

张炜玮 *❶

摘要：情境性是深度学习的明显特点，幼儿的活动区游戏就是典型的情境性学习，也是最好的深度学习的载体。深度学习有助于幼儿良好学习品质的形成，如专注、主动探究、积极解决问题等方面。而作为深度学习最核心的探究学习过程，适宜的问题情境可以保证幼儿主动参与、主动思考、主动探究的意愿与空间，发展其探究能力，明确游戏目的，促进幼儿专注地游戏，帮助幼儿真正去面对和适应未来学习与发展的需要。

关键词：游戏；问题情境；主动；深度学习

学前儿童心理学研究告诉我们，中班阶段的幼儿具有活泼好动、对规则感兴趣，活动主动性和积极性强，有爱玩、会玩等特点，而活动区的设置既能满足他们活泼好动、积极主动的特征，又能帮助他们在区域活动中体验规则，满足个性化发展与自主性游戏的需要，以及他们爱玩、会玩的心理需求。因此，活动区不再是一个辅助的教育手段，而成为实现中班孩子教育发展目标的良好途径。

结合中班幼儿的年龄特点，通过一段时间的观察，我感到幼儿在活动区的游戏中，普遍存在以下三种情况。

一是幼儿对游戏区的游戏虽然非常感兴趣，但经常会在游戏中尝试多种

---

* 作者简介：张炜玮，北京市东城区安乐幼儿园，教师。

玩具材料，出现频繁换玩具的情况，对游戏材料只是初步的简单尝试，很难进行深度学习。

二是在游戏中遇到各种各样的困难，缺乏解决问题的方法时，许多幼儿就会选择放弃，没有坚持完成。

三是专注性不够。有的幼儿在游戏开始时，不知道玩什么，很难做出选择。有的幼儿会盲目跟从同伴的选择，有的幼儿也会出现频繁换区的情况。

根据以上这些情况，可以明显看出，幼儿的游戏水平只是肤浅地停留在表面，很难在游戏中进行深度学习。情境性是深度学习的明显特点，也是最好的深度学习的载体。深度学习有助于幼儿良好学习品质的形成，如专注、主动探究、积极解决问题等方面。而作为深度学习最为核心的探究学习过程，适宜的问题情境可以保证幼儿主动探究的意愿与空间，明确游戏目的，专注地游戏，帮助幼儿真正去面对和适应未来学习与发展的需要。

幼儿能否进行深度学习与自身的发展水平有关，创设促进幼儿进行深度学习的活动区游戏，最重要的一点是创设包含问题的游戏情境。

一、以游戏规则为情境，帮助幼儿明确游戏目的

规则是幼儿园游戏开展的必要条件，目的是要建立起相应的规则来解决当前所面临的"问题情境"。

在活动区游戏中，教师通常是以拍照的形式记录，集体讨论解决"问题情境"的办法，共同商讨相应的游戏规则。在班上的活动区游戏中，我们进行了新的尝试，制定了"游戏高手规则"，使"规则"有了新的任务和使命。例如，在美工区制作一只美丽的小蝴蝶，使用三种以上的材料。在阅读区要看五本书,并且讲出书中的故事。这些想法使幼儿进入一种"问题情境"，有效地帮助幼儿在游戏前能够有所思考，而这种"规则"也是随着幼儿游戏

的不断深入而不断变化和调整的，促使幼儿在一个个新的"问题情境"中不断地深度学习。

二、在问题情境中提炼有价值的内容，促进幼儿主动学习

在游戏中，有时幼儿游戏的发展水平并不理想，如何真正满足幼儿的需要，就需要教师有敏锐的观察力和判断力，通过对幼儿游戏的观察，发现有效的信息内容，帮助幼儿在游戏中主动学习，有效提高幼儿的游戏水平。

（一）及时发现幼儿在游戏中出现的问题情境，不断尝试新玩法促进幼儿发展

孩子在游戏中有最真实的自我表现，教师作为游戏过程中的观察者，应关注孩子在游戏过程中的言行举止，分析和思考孩子的需要、意愿、困难和情绪体验，并以此作为指导游戏的依据，只有这样才能满足孩子的游戏需要，推进游戏的发展。

班上的"奇思妙想"区深受孩子们的喜爱，我们在这个区投放了许多低结构的游戏材料。在一次游戏中，萱萱小朋友使用小夹子、酸奶盖和小纸卷进行了组合、拼接，第一个树屋就这样诞生了。教师抓住这一游戏情境，在游戏后的分享环节进行拓展和延伸，让孩子们围绕树屋展开了讨论，把自己知道的关于树屋的知识进行交流，激发了幼儿进一步游戏的兴趣。随着"百变树屋"游戏的不断延续，孩子们的兴趣日渐高涨，在原有树屋的基础上进行新的变化和尝试。例如，双层的树屋、小伞式树屋、十字添加的树屋，这样使幼儿在一个很简单的基础树屋结构中，有了新的内容和方法，有效地满足了幼儿在游戏中操作、尝试、探索的愿望，使幼儿的游戏得到深度展开。

（二）结合环境进行"问题情境"互动，支持幼儿在游戏中主动探究

在幼儿游戏的过程中，"问题情境"会不断涌现出来。结合环境布置，可以帮助幼儿在问题情境提出后，在环境中进行呈现，随着游戏的不断深入，幼儿会从环境中找到解决问题的方法，帮助他们有效地总结经验，促进游戏的开展。例如，在"妙想空间"的游戏中，幼儿提出了问题情境："怎么可以使小纸卷不倒？"在阅读书吧区，请幼儿在自己推荐的书中设置问题，幼儿能够带着问题进行阅读，并在书中找到答案。通过环境将这些"问题情境"进行展示，让幼儿在游戏中进行大胆地尝试，也可进一步发现、探索新的方法，积极寻找答案。这些举措推动了幼儿的思考和大胆尝试的主观愿望，激发了幼儿内部动机，使其积极主动、好奇探究。

（三）结合幼儿已有的经验，在"问题情境"中不断丰富新的经验

在幼儿的游戏中，经验往往是综合的。当幼儿在游戏中出现问题或困难时，教师要从幼儿的实际出发进行指导，推进幼儿在游戏中发展，提升游戏水平，从而获得新的经验，满足幼儿在游戏中的需要。

三、将"问题情境"带入游戏，尝试解决问题，有效促进幼儿的深度学习

深度学习是一种基于问题解决的学习，也是一种基于实践探究的学习。中班幼儿的自主性已有了一定的发展，当出现问题时，他们会用自己的办法尝试解决问题。在游戏中，通过"问题情境"可以激活幼儿的思维，促使他们去分析和解决问题，提高自我决策和解决问题的能力。正像《3~6岁儿童学习与发展指南》中提到的："游戏为幼儿提供了直接感知、实际操作和亲身体验的机会，因为游戏情境比教师创设的教学情境更真切，游戏

中的问题都是幼儿的真问题,所以教师从幼儿的真问题出发进行指导,能让幼儿获取有用的知识和经验。"

在一次活动区的游戏中,明明用小木条摆出了停车场复杂的路线,教师问他:"明明,你搭的这个是什么呀?"他说:"这个是停车楼。如果车太多了,就可以停到停车楼里。"教师说:"你的这个方法真好,这样就可以停更多的车了!"说完,明明又搭出了几个距离相近的停车楼。他尝试用小木条在两个停车楼的中间进行连接,可是怎么也搭不上。他尝试了多种方法,更换了不同的材料。最后,明明找到了小夹子,他用小夹子把两个小木条夹在了一起,使小木条延长后,正好可以搭在两个停车楼的中间。明明欣喜地告诉大家他成功地解决了这个问题。

通过幼儿在游戏中的行为表现,能够看出,幼儿通过游戏的情境解决了生活中没有地方停车的问题并将这一经验迁移到自己的游戏中。同时,明明坚持自己的游戏目的和游戏内容,通过不断的尝试、操作解决了这一困难。在游戏中克服"问题情境"中的困难,可以帮助幼儿形成自主建构的意愿。成功地解决问题能够使游戏更加深入开展。

四、开展主题性的"问题情境",推进幼儿在游戏中深度学习

将主题与区域游戏相结合,可以丰富区域游戏的内容;增进对话、交流与分享;启发多角度思考,拓展学习空间,唤起幼儿的兴趣。重要的是,表征活动不仅充满了探究与创造,还充满了深度学习。

(一)以大主题覆盖整个游戏

结合中班幼儿的年龄特点及培养幼儿良好的学习品质,以"我是游戏高手"的主题内容,深入活动区的各个游戏中来。从争当游戏高手到制定游

高手的规则，再到当游戏高手的快乐这一主题的系列活动，能够看到幼儿在游戏兴趣、规则意识、游戏水平、专注性等多个方面都有了明显的提高。

（二）以小主题深入各个区的游戏

为了进一步促进幼儿深入学习，可以在幼儿的游戏中创设更多的带有问题的游戏情境。在抖音俱乐部的主题表演中，怎么能让小观众不走成为这个区的"问题情境"。在"中华中医"的主题游戏中，怎么能用中医的方法给病人看好病成为这个区的"问题情境"。幼儿在这些主题情境中不断地进行着深度游戏。

综上，问题情境下的深度学习是更适合幼儿核心素养发展的一种学习方式，虽然其目标和内容有所差异，但其开展形式都是游戏化、探究式的深度学习。如果能把活动区创设成一个含有真实问题需要幼儿解决的游戏情境，它原本应该具有的促进幼儿深度学习的作用就能充分地发挥出来。只有当儿童自主、愉快地投入游戏，在游戏中慢慢走向深度学习，他们才能真正获得发展，以及身体、心智及情感多方面的满足。相信随着活动区游戏中"问题情境"的不断深度开展，幼儿的发展水平将会跃上一个新的台阶。

参考文献

[1] 冯晓霞，李季湄.《3~6岁儿童学习与发展指南》解读[M].北京.人民教育出版社，2013：3.

[2] 杨丽君.示范性幼儿园区域活动材料投放的有效性[J].学前教育研究，2012：46.

[3] 王春燕.幼儿园课程[M].北京：北京新时代出版社，2005：213.

幼儿园定向游戏设计与组织的实践研究

绳海静 *❶

摘要：本文从幼儿园定向游戏开发设计、观察指导、价值分析与思考三方面研究，尊重幼儿兴趣需要，启发幼儿思维，支持幼儿主动探索，总结出幼儿定向游戏的组织原则、实施目标、内容选择、运动规则、场地和器材投放，以及发挥教师与幼儿主体作用的意见与建议，探索了幼儿园定向游戏的价值，以期为幼儿园开展定向游戏提供借鉴和启示。

关键词：幼儿园定向游戏；设计；组织

一、问题提出

幼儿园定向游戏是以幼儿为参与主体，以幼儿园或其他幼儿熟悉安全的环境为活动背景，以与幼儿年龄特点、发展特点相适应的地图为辅助工具，根据幼儿认知、动作、性格、生理和心理等方面的发展特点而开展的利用地图（或指北针）找到地图上所指示的各个点标，以最短时间到达所有点标者或完成其他目标为胜的一类游戏。幼儿园开展定向运动的形式有亲子、大带小、同伴小组等互助活动。因涉及人员、场地和设备等因素，幼儿园在开展定向运动的过程面临着诸多困难：一是多借助一些培训机构，更多关注的是游戏形式，幼儿被动参与，追求完成既定任务；二是与幼儿生活结合不够

---

* 作者简介：绳海静，北京市朝阳区松榆里幼儿园，教师。

紧密，游戏过程中关注幼儿兴趣和发展的需要不够；三是欠缺幼儿园定向运动实施及效果评估方面的研究。陈鹤琴先生的"活教育"指出，大自然、大社会都是活教材，幼儿体育游戏是以促进幼儿身心发展、增强幼儿体质为主要目的，以身体运动为主要手段的活动。它能满足幼儿运动、发展动作和体能、模仿、竞赛、交往和审美等多种需要，促进幼儿多方面的发展。幼儿园结合幼儿生活经验、年龄特点、发展需要开展定向游戏的探索与实践并不多，因此本研究具有重要的实践意义与价值。

二、研究过程

（一）幼儿园定向游戏的开发设计

1. 制定符合幼儿发展的目标

在制定幼儿定向运动的目标时（见表1），主要参考《3~6岁儿童学习与发展指南》和《幼儿园教育指导纲要（试行）》实施细则中相应的目标、要求和建议，做到"四关注"：关注幼儿年龄特点、心理发展特点；关注幼儿动作发展情况；关注幼儿发展的个体差异；关注幼儿良好的学习品质。

表1 幼儿园定向游戏目标

年龄阶段	幼儿园定向游戏目标
3~4岁	愿意参加幼儿定向活动，喜欢和同伴一起游戏 能初步看懂定向地图，正确寻找目标点 有较强的走、跑、跳、爬等基本运动能力，动作协调 遇到困难时会寻求帮助，能坚持做完一件事
4~5岁	对定向运动感兴趣并能够主动参与，能遵守规则 熟悉定向地图，按图快速找目标点 动作协调、灵敏，有一定的运动经验 有初步的互助合作行为，不怕困难，坚持完成任务

续表

年龄阶段	幼儿园定向游戏目标
5~6岁	对定向运动产生浓厚的兴趣并主动参与，主动遵守各项规则 能将地图和指北针两者结合，选择有效路径快速找到目标点 动作协调、灵敏，有较强的耐力和主动提升运动经验的能力 在活动中乐群合作，能独立解决交往中的问题，有始有终地完成任务

2.选择贴近幼儿生活的定向游戏内容

幼儿园定向游戏内容要根据幼儿的兴趣、需要，结合幼儿园环境特点、社区可利用资源及主题需要所选择的自然、社会场所，将运动的竞技性与游戏的趣味性有机结合起来。在设置的运动环节上，将幼儿要寻找的目标点设置成为一个个有趣又有挑战的游戏，根据不同年龄班幼儿发展特点设置有针对性的游戏。根据参与主体，定向游戏分为以下五种类型。

小班：开展感觉运动型游戏，让幼儿在简单重复的运动中进行游戏，在游戏环节中设置各种运动联系游戏内容，如将体能测试类内容融入其中；开展象征性游戏，通过角色扮演、动手操作等反映幼儿生活、学习等幼儿熟悉的内容，如动手操作定向游戏"小猪佩奇本领大"进行自理大闯关，结合班级主题"动物朋友"开展角色扮演定向游戏。游戏内容主要以幼儿自我为主。

中班：角色、建构、益智类等象征类游戏。游戏中要有一定的规则和竞赛性质，在游戏点上完成一定的任务。例如，角色扮演类"三只小猪"定向游戏、"寻宝"定向建构游戏、"聪明豆"闯关定向游戏。游戏内容丰富多样，让幼儿体验规则和交往的乐趣。

大班：幼儿独立完成任务和合作完成任务的规则性游戏。如将技能类的把握分解安排在一定周期内，幼儿独立完成挑战任务；根据主题开展系列合作定向游戏，如"超级西游记""我是小学生""安全卫士行动"等，动手动脑共同完成任务。游戏内容设计更具有挑战性，注重培养幼儿良好的学习品质。

混龄（混班）：打破班级界限的定向游戏活动。有同龄班、大带小形式，如"健康达人组""好朋友闯关""魅力四人组"，以主题方式，共同完成。

亲子：亲子定向中家长作为参与者、观察者、引导者，一方面身临其境体验幼儿园定向游戏玩中学的特点，另一方面了解幼儿学习与发展的状态和水平。例如，可以借助手机 App 进行定向"我爱幼儿园"游戏（较适合新入园小班，熟悉了解幼儿园环境和氛围）；又如"森林探险""环保行动""健康 1+1"游戏，走进大自然与家长、同伴合作，从而提高家园共育质量。

3. 基于幼儿建立易于理解与遵守的游戏规则

根据各年龄段幼儿对规则的理解能力和遵守程度制定相应的规则。小班幼儿以自我为中心，规则意识不强，规则主要是在日常生活中潜移默化地传递给幼儿，以游戏的口吻强化；中班幼儿形成初步的规则意识，学会控制自己的情绪和行为，因此可以同幼儿共同制定一些简单的明显的规则，大家共同遵守；大班幼儿已经能够很好地理解并遵守规则，建立较为复杂和严格的规则是非常有必要的，规则可以由大班幼儿共同讨论制定并完善，如同伴间不能放弃、必须一起完成任务、必须独立完成等。

4. 科学地选择与投放幼儿定向游戏的场地与器材

幼儿园定向游戏场地主要为幼儿园（室内、户外），社区及周边，指定的环境（公园、场馆等）；器材主要为常见的或者可利用的环境设施。在选择和投放中，首先要安全卫生、符合幼儿年龄特点；其次要种类齐全、坚固耐用；最后要针对不同年龄段的幼儿对场地和器材进行不同的选取和投放。

小班活动可以选择幼儿园室内、操场、较为开阔的草地，以及幼儿熟悉的有明显的标志性地点。中大班的选择可以较为复杂。此外，还要针对不同的活动目标选择与投放不同的场地和器材。例如，活动目标是锻炼幼儿体能的定向游戏，可以将任务点标设置得相对简单，距离相对远一点。如果活动的目标是锻炼幼儿的观察能力，可以将活动场地相对缩小，将活动点标设置得相对隐蔽。

5. 有效地绘制和使用地图

适合幼儿使用地图是幼儿定向游戏中非常重要的辅助工具。教师可以先从认识幼儿园平面图开始，创设定向游戏，增强幼儿识图能力；在此基础上，中大班幼儿可以创设相应的游戏，进一步让幼儿把地图与实地对应起来。在幼儿能够熟练地识图后，可将幼儿融入地图的绘制当中，让幼儿自己设计活动、绘制地图，将幼儿绘的地图真实地使用在幼儿定向运动中。教师作为组织者，要针对幼儿的发展状况设计不同的地图。一般情况下，从小班到大班地图的复杂度也在逐渐加深。

（二）幼儿园定向游戏的观察与指导

1. 游戏前讨论

一是游戏前由组织者（教师）共同进行讨论，提出游戏中的难点（当此活动地图、活动地形、路线安排、点标的游戏内容），考虑是否适合幼儿接受、是否让幼儿感受到挑战的乐趣；二是组织幼儿开展5分钟讨论，组织者要认真倾听，引导幼儿关注本次活动的重点和难点，提高幼儿定向运动的成功率，让幼儿感受成功的快乐。

2. 游戏中有效干预

组织者通过现场观察，及时发现幼儿在定向过程中的行为偏差，通过提问、旁敲侧击、手势指引、引导小组互动等暗示的方法，让幼儿自己发现正确的定向探索行进行为，促使幼儿获得成功。教师要在不干扰幼儿自主性的前提下保证活动正常有效地进行。只有在教师合理支持和引导下，定向运动所具备的价值才能够得到最大限度的发挥。

3. 等待支持解惑

组织者做好预估，然后适当等待，给幼儿留有解决问题的空间。当幼儿遇到困难时，教师不是立即直接介入，而是采取等待观察的办法。这种等待是基于教师对本班幼儿在定向运动中已有经验的把握及对本班幼儿认知发展情况了解的基础上。教师有准备地等待，往往给予幼儿充分的时间去探索寻找解决问题的方法，使其获得更加充分的探索机会，积累更丰富的定向探索经验，让幼儿体验成功的乐趣。

4. 验证结果与分享

在幼儿运动游戏结束后，教师要与幼儿就本次活动的完成情况进行反馈，分析活动过程中的成功与失误，注意要充分让幼儿发表意见和建议，尤其是要对应定向游戏的目标、突发情况及关系到促进幼儿良好学习品质方面进行重点分析，这对以后开展活动有重要的意义和价值。

三、开展幼儿园定向游戏的价值判断与思考

（一）幼儿发展

（1）阅读能力——养成按序阅读习惯，关注日常符号，阅读速度渐进根据数字符号或者箭头等符号来判断寻找的先后顺序。这样做既大大提高了阅读的速度，也提高了寻找的效率。

（2）定向能力——借助地图探路，有的放矢前进，提高准确定位率。

（3）合作能力——分工商量有序，学会关心同伴，加强团队意识。

（4）观察能力——观察逐渐全面，会从细节辨别，捕获信息敏锐，观察的细致性、针对性、全面性都会随着活动的不断进行而日趋完善。

（5）解决问题能力——面对实地困境，积极思考分析，尝试排疑解惑。

（6）任务意识——主动承担渐多，盲目跟从渐少，完成任务意识变强。

（二）教师成长

（1）能够根据幼儿年龄特点和发展需要，因地制宜设计组织幼儿园定向游戏。

（2）理论与实际相结合，尝试整合五大领域进行综合性定向游戏开发，并将其运用到日常活动、大型活动和家园共育中。

（3）教师合作交往能力得到有益促进，在定向游戏开展后能客观进行分析与反思，对新定向游戏的开展有积极的促进作用。

（4）在定向游戏中，关注以儿童为主体，不断调整改进。

（三）反思与提升

幼儿园定向游戏多元的运动形式符合幼儿课程活动性的特点，能够起到促进幼儿全面发展的作用，而且活动的开展对幼儿园的硬件要求不高，合理开展幼儿园定向运动，符合现代体育社会化、终身化、科学化的发展趋势。幼儿定向游戏在开展中存在三个方面问题：一是幼儿园定向游戏的研究不够系统，需要进一步梳理，形成清晰的体系；二是研究中形成相应案例，但是缺少数据分析；三是需要进一步厘清理论与实践应用的关系，从而使广大幼儿在生动有趣的运动游戏中全面发展、健康成长。

参考文献

[1] 张毅龙.陈鹤琴教学法[M].北京：教育科学出版社，2007.

[2] 蔡春霞，杨月敏，郭华英.定向运动对中学生心理健康水平的影响研究[J].福建体育科技，2005（05）.

[3] 许卓娅.学前儿童体育[M].南京：南京师范大学出版社，2003.

[4] 金李会.定向运动的价值分析及存在问题的思考[J].体育师支，2005（01）.

[5] 叶友红.定向运动与小学生社会适应能力的培养[J].中国小学体育，2007（06）.

[6] 何晓知.中国定向运动的发展与回眸[M].武汉：湖北体育科技，2004（02）.

幼儿自主建构游戏的探究与实践

姬 媛*[1]

摘要：创造力是一种思维能力，它并不是漫无边际的创意，而是能提出问题、解决问题、创造新事物、帮助人适应环境的能力。自主建构是幼儿最喜欢的游戏活动，幼儿在活动中进行计划、实施、合作和分享，提高了积极思考、亲身操作、同伴协商和有效率地解决问题等能力。同时，教师和幼儿成为学习的共同体，相互助力，在探究和实践的过程中获得最有收获的体验。

关键词：创造力；自主建构；游戏；探究；实践

一、问题的提出

儿童在成长过程中，会拥有创造性解决问题的能力，创造出与众不同的事物。创造力本身会让儿童一生都感到幸福和快乐。如何培养和发展幼儿的创造力，借助一些有效的游戏材料激发和促进幼儿的创新意识，是我们一直关注的，如图1所示。

图1 骏达隆塑料拼搭积木

建构游戏是幼儿特别喜欢的操作游戏，在游戏材料的建构过程中，我

---

* 作者简介：姬媛，北京市朝阳区松榆幼儿园，教师。

们能发现幼儿在计划、实施、合作和分享等活动环节中都能够提高积极思考、有目的地操作、与同伴协商、有效率地解决问题的能力。在幼儿园的区域游戏中，建构活动是多数幼儿会自主选择的活动。它满足了很多幼儿的想象力、创造力，同时也能启发教师通过观察、记录、有效指导、策略梳理等研究获取更多的教育信息，对幼儿进行全面游戏了解，实施最准确的指导，促进幼儿在自主建构游戏中增强创造意识。本学期我们有机会参与"骏达隆塑料拼搭积木"的实践研究中，通过不同的设计思路，激发幼儿进行主题积木的拼插与操作。因此，针对骏达隆积木材料和幼儿的实际游戏情况，我们开展了自主建构游戏，助力师幼创造力发展的实践研究。

二、研究方法与过程

在积木游戏的建构过程中，我们发现幼儿在计划、实施、合作和分享等活动环节中都能够提高积极思考、有目的地操作、与同伴协商、有效率地解决问题的能力。在幼儿园日常的积木游戏中，我们多是为幼儿提供木质积木、软体积木、造型积木等积木材料。"骏达隆塑料拼搭积木"与享誉国际的乐高积木有很多相似之处，造型精美、数量多款、颜色多样，重要的是它以主题搭建为切入点，通过不同的设计思路，激发幼儿进行主题积木的拼插与操作。在幼儿游戏的过程中，教师通过观察，发现大班幼儿在参与活动的时候有很多突发奇想和很多创新举动。因此，我们针对骏达隆积木材料和幼儿的实际游戏情况，开展了如何借助骏达隆积木游戏挖掘和促进幼儿创造能力发展的实践研究。

（一）创造性思维测试

什么是创造力呢？创造力是一种无定向、无约束地由已知探索未知的思维方式。创造力就是能用自己的方法创造新的、别人不知道的东西。

任何一项研究在开展之前都应该对幼儿现有的实际水平进行初步测试，这样会形成一定的数据依据，并对研究过程有一定的帮助。因此，我们结合幼儿创造力的变通性、独创性、精进性和流畅性四个方面（测试内同多以绘画、想象和创作为主），对幼儿进行创造性思维的前期测试，了解幼儿在创造力方面的真实表现。此项测试结果也将与研究结束时的后测进行对比和分析。

流畅性：规定时间内，画出的内容越多越好；独创性：全班只有一人得分，具有独特想象力；精进性：经过积极思考，思维得以完美展现；变通性：类别不一样，画出几类就得几分。

1. 骏达隆积木材料的投放与使用

在材料投放之前，教师首先应该了解和熟悉材料本身的材质与特性。多数教师都是第一次接触材料，因此，在搭建内容方面也大多根据自己的喜好进行拣选和操作。在规定的时间里，教师们将材料反复熟悉和运用，最终搭建成有主题性质的积木作品。在这个过程中，教师们都针对自己在搭建中的问题与困惑进行相互交流。教师们认为，此款主题类积木的搭建非常考验观察力和创造力，有时候根据孩子的表现，有可能不会完全按图示进行搭建。为了让作品更快呈现，可以自行创造这个搭建过程，那这是不是也能代表幼儿在操作积木过程中也能独立创造完成呢？如图2所示。

图2　教师熟悉积木材料

2. 幼儿自主游戏与创造能力的提升

我们将积木材料按照不同主题和类别分装在箱子中，幼儿可以自主选择独立或者分小组进行游戏搭建。教师欣喜地发现，每位幼儿熟悉材料的过程都不尽相同，有的开始就直接去找寻步骤图；有的将所有的材料都摊在地垫上进行分类。针对幼儿的不同表现，教师没有直接去干预，而是充分鼓励幼儿与积木材料进行接触，发现幼儿在游戏中的独特表现。激发幼儿的自主游戏欲望，这个过程就是在不断地了解、发现、实施与建构，再创造，从而实现本身创造能力的提升。

（二）教师在观察实录中捕捉到的珍贵纪实

创造意识和行为不光是由幼儿的年龄特点决定的，也受日常活动中教师的引导与启发的影响。教师在参与骏达隆积木游戏的研究过程中，发现材料本身是非常具有创造性的，而通过幼儿与材料的互动，就更能够挖掘材料本身的操作优势。我们选择了一个混龄实验班级，针对这个班幼儿的年龄差异，从中发现年龄稍大的幼儿具有一定的创造意识，在游戏中能够主动与年龄小的幼儿进行互动。孩子们相互间还会激发灵感，玩得更加投入，对培养幼儿与人相处的能力也有好处。这样会让幼儿更自信，搭积木的过程完全可以由孩子自主创造。幼儿在搭积木过程中，还可以学到很多再造经验，培养想象力、创造力。

（三）教师集结材料与实际操作的灵感，创设主题活动和益智游戏

怎样通过丰富的材料拓展幼儿在五大领域的良好发展，主题活动无疑是孩子们最愿意接受和最喜欢参与的[1]。于是，教师通过前期观察和总结，并根据材料本身的特质与幼儿实际操作相结合，从小、中、大班不同年龄段的活动特点出发，设计了很多针对积木材料的教育活动，经过后期的整合与完善，形成了多个主题积木活动，如图3所示。

图3　设计积木主题活动

同时，为了更好地激发幼儿参与积木游戏的兴趣，教师通过教研活动分析材料的适宜性问题，结合材料的不同特征，设计了相关的益智小游戏，丰富孩子的游戏经验，突显材料本身的游戏价值。

三、研究结果与分析

本次阶段性的研究过程中，我们无时无刻不在关注幼儿的独特创造意识的提高，他们在与积木材料的互动中，练习基本的拼接、建构方法，同时也在奇思妙想中实施和完成自己的创意，真正地体现了游戏性、创造性。孩子们让通过自己的想象与创造将积木零件一一进行各种重组与创建，形成了一个个主题性明确、画面鲜明的立体作品，这个过程多么奇妙。

最初投放时，教师启发幼儿感知材料的不同类别与特征，在幼儿游戏的过程中，没有任何干预和引导，幼儿只表现出最初始的游戏状态，表现各异。教师通过观察发现了幼儿在有图示和没有图示情况下的搭建结果有很大区别，这也跟幼儿的学习方法掌握情况有关系。经过一段时间的观察与调整，教师注意到了幼儿游戏中的差异：有的幼儿和同伴进行合作搭建游戏，有的幼儿据自己的想象和随意组合进行拼插。教师从中分析出幼儿合作交往、观察意识和创造意识方面都较之前刚接触积木材料的时候，有了很大的进步。教师发现幼儿可以进行有一定情节和有关联的积木搭建，大大提高了对积木材料的运用。教师通过日常观察和对材料的操作，结合各年龄班幼儿的学习及操作特点，逐步设计出与骏达隆材料相辅相成的主题活动设计及骏达隆游戏案例丛书。

在研究工作接近尾声时，我们会对幼儿的创造性思维进行后测工作，并较之初期的前测结果进行对比和分析，最终将每一位幼儿的创造能力测试结果进行量化呈现，让教师和家长都明确幼儿在创造能力方面哪些需要再加强，引导幼儿继续提高创造能力，在活动中完成自我实现，为幼儿终身创造力的提升打好基础。

参考文献

[1] 纪艳红.幼儿园积木建构主题活动课程指导[M].北京：清华大学出版社，2018.

利用自然资源,提升幼儿自主学习的能力

李 响 *[1]

摘要:游戏是幼儿阶段主要的学习方式,幼儿园在履行教育活动中以游戏为基本活动是幼儿教育应遵循的基本规则。本文从幼儿游戏基本理论出发,阐述了对幼儿游戏的认识,包括对幼儿游戏概念的界定,对游戏类型、设计原则、实施条件等设计常识的介绍,并在此基础上介绍了中山公园幼儿园结合中山公园特点,充分利用自然资源,开展具有地方特色的幼儿游戏活动,促进幼儿的良好发展。为了让孩子们能更好地发展,我们根据园中园幼儿园的地理优势及自然资源,将自然资源与幼儿园的主题活动巧妙结合,创设机会让幼儿走自然这块广阔的大天地,激发孩子去自由体验、自主学习。

关键词:幼儿自主学习;中山公园;自然

教育家陈鹤琴先生一再强调"大自然、大社会都是活教材"主张到田间去,到自然界去。[1]我园是一所园中园——中山公园里的幼儿园,有着得天独厚的自然资源。自然界随着季节的变化而丰富多彩,使广阔的自然有着取之不尽、用之不竭的环境资源。孩子们虽然从小生活在这里,但随着城市的不断发展,真正接触自然的机会并不多。家长们往往都不肯放手让孩子走出家门去亲近自然,使孩子们失去了许多与大自然接触的大好时机。

---

* 作者简介:李响,北京市第三幼儿园,二级教师。

利用自然资源，提升幼儿自主学习的能力

一、充分利用自然资源，创设自主学习的环境

让教育回归真实的生活，让幼儿回归大自然的环境，这是《幼儿园教育指导纲要（试行）》中的新理念。大自然是一部真实而丰富的百科全书，蕴藏着巨大的教育财富，为幼儿获得对世界的感性认识提供了天然的场所。独特和丰富的中山公园自然资源为我园的环境创设提供了丰富的材料，如树叶、树枝、松果和花瓣等。我们深刻地意识到蕴藏在大自然中丰富多彩的教育资源的价值，坚持"变废为宝""贴近生活""因地制宜"的原则，创设有利于引发、支持幼儿与环境之间积极相互作用的自主学习环境。

为此，我们根据教育目标，因地制宜地搜集材料，为活动的开展做好准备工作。为了激发幼儿探索自然的积极性、主动性，凡是幼儿力所能及的，我们都引导他们共同做好材料的选择和收集工作。如带他们到附近的田野、河边、公园里去捡石子、树叶、树皮、狗尾巴草、柳枝等，以不断充实班上的游戏材料。这些来自幼儿手中的材料，再经过他们加工处理，便成了美观实用的玩具。在环境的创设中，我们整体规划、精心构思，开辟了巧手坊、花草梦工场等操作性活动区域，放置了泥巴、野草、石头等各种自然材料，让幼儿自主探索、自主制作；在各个活动室中，我们还开辟了生活活动区、手工操作区、数学活动区域等，让幼儿通过与自然材料的互动，提高多方面的能力。

利用自然资源，创设良好的教育环境，对幼儿的成长具有很好的良性作用。它不仅培养了幼儿自发的探索精神、创新的初步意识和动手能力，而且还增强了自我意识，陶冶幼儿热爱大自然的情操，使其萌发了爱家乡、爱祖国的情感。

二、充分利用自然资源，开展自主探究活动

《3~6岁儿童学习与发展指南》指出："幼儿科学学习的核心是激发探究

兴趣，体验探究过程，发展初步探究能力，善于发现和保护幼儿的好奇心，充分利用自然和实际生活的机会，鼓励幼儿走入生活，亲自操作、自主选择、主动探索，促进每个幼儿在原有水平上获得发展[2]。"

中山公园具有独特的自然风光与景观、丰富的自然资源、不同的人文资源和设施资源等。充分利用这些丰富的本土资源开展主题性传统文化教育，可形成具有地方特色的园本课程，让优秀的传统文化滋润孩子幼小的心灵。

（一）提供机会，自主探索

《3~6岁儿童学习与发展指南》中提到幼儿的思维特点是"以感知动作、具体形象思维为主，对抽象事物的认识需要以感知动作、具体形象思维为支柱"。而本土教育资源符合幼儿的这些身心发展特点：它是具体的、时刻在幼儿生活周围的、看得见、摸得着的事物。因此，在主题探究活动中，草地、小河等成为孩子参观活动的课堂，孩子们在其中将惊奇地发现了许多新鲜的事情，学习兴趣和探索欲望大大增加。如中班开展主题活动"在秋天里"，老师带领孩子们去参观秋天树植物。当孩子看到一大片金黄的银杏大道时，便欢呼雀跃道："哇，好大呀，像一块金黄色的大地毯。"孩子们由此也产生了对树叶的关注，探索树叶的生长过程而后又延续到"采集树叶"等一系列的探索活动。在这个过程中，孩子们了解到树叶与人的生活的关系，同时又利用树叶草制作了许多艺术制品。在整个活动中，大自然成了孩子们学习探索的好材料。还有中班主题活动"春天来了"、小班主题"苹果和橘子"、大班主题"有趣的植物"等，都充分地利用了自然资源并将其作为教材，使幼儿的学习在自然环境中变得生动活泼。我们在利用自然资源的过程中，注意带领幼儿以不同角度多次观察和活动，使幼儿能较全面、深入地关注和探索各种有趣的现象和问题。

同时，中山公园幼儿园有更多的机会与空间来让幼儿开展一些科学观察与实验。早春时节，我们带孩子们到附近的小池塘里，带回来一些青蛙产的卵,观察它们是怎样慢慢变成蝌蚪和蝌蚪又是怎样变成小青蛙的。由此,孩子们学会了坚持长时间的、细致地观察,并在观察中学会记录。这样的观察其实很有意义,师生共同在探究中成长,提高了科学素养。

作为教师,必须具备了解资源、利用资源的能力,并充分认识大自然。"大社会是活教材"的观点和不怕苦地辛勤工作的态度,才能使自然资源真正成为孩子的学习资源。

(二)提供材料,自由表达

幼儿的感知觉是非常敏锐的,教师要尽可能创造机会让他们去感受、去体验。同时,幼儿的发展依赖于对周围环境中材料的操作。对孩子来讲,知识的获得、能力的形成,是通过与材料的相互作用发现和构建的。对于中山公园的幼儿园来讲,这方面就具备了得天独厚的条件。一年四季都有丰富的、多姿多彩的自然资源,如各种树叶、小草、果实和植物的种子,还有随处可见的松塔、松枝等。把它们投放在区角活动,利用它们的不同特点,经过动手操作,在孩子们的手中便会成为一件件惟妙惟肖、生动可爱的作品。自然角里的种子发芽等都能引发孩子们探索的兴趣。

炎热的夏天,孩子在生活区动手制作水果拼盘、榨水果汁,在动手区制作蔬菜水果娃娃,于是黄瓜成了鳄鱼、玉米须成了娃娃辫,土豆成了小动物的身体,茄子成了小船等。丰收的秋天给我们提供的材料多得数不胜数。萝卜经过孩子的加工成了可爱的小猪、小兔、小老鼠;黄灿灿的橘皮成了朵朵盛开的菊花;粗糙、弯曲的丝瓜络经染色变成了一条小蛇;用各类种子组合拼成的种子画更具有欣赏和保存的价值。

冬天虽然万物萧条,但也有可用的材料。质地轻软的棉花可揉成团,做成毛茸茸的小鸡、小鸭等,雪花可以堆成雪娃娃、雪小狗、雪兔等各种活泼可爱的小动物,还可以进行掷雪球、打雪仗等一系列活动。

在这些活动中可以看到,由幼儿自己选择材料、想象不同的事物来展示自己，表达自己内心丰富的世界，不仅充分发挥了孩子的自主性，而且也能让教师从每个幼儿身上找到闪光点，孩子的潜能因自由释放而得到充分开发。

丰富的自然材料给孩子们带来了无穷的乐趣，他们在主题活动中体验到了成功的喜悦，增强了自信心。在宽松愉快的环境中，他们充分发挥了想象力和创造力，口语表达能力也得到了很大的提升，思维更活跃，动手操作能力也有了更大进步，孩子们间的合作更密切，同伴间的关系更融洽了，解决问题的能力也得到了很大的提高，从而激发了孩子们爱护、关心周围事物的情感，使他们对周围世界有了更深刻的认识，增强了学习探索的兴趣，促进了自身的全面发展。

参考文献

[1] 陈鹤琴.活教育幼儿园教师使用手册.南京：南京师范大学出版社，2017.

[2] 中华人民共和国教育部.3~6岁儿童学习与发展指南[M].北京：首都师范大学出版社，2012.

从兴趣点出发，促进幼儿主动学习

朱 凡 *[1]

摘要：区域活动是幼儿喜欢的游戏形式之一。幼儿在区域活动中可以以一种自由而又宽松的氛围进行游戏。他们在游戏中发展各领域的能力，以一种主动发展的方向进行游戏。教师作为一个旁观者和引导者，需要仔细观察幼儿需要从而开展区域活动和区域游戏。教师应仔细观察幼儿的兴趣点及发展需求，为其安排适宜的环境、适宜的材料，并给予幼儿适宜的指导，帮助他们得到良好的发展。

关键词：兴趣；材料；同伴；学习品质

幼儿园应为幼儿创设一个宽松、自由、自主的游戏环境，保教并重，为幼儿留下一个美好快乐的童年。幼儿的一日生活中以游戏为主，游戏也是幼儿基本的学习方式，区域游戏正好符合这一特点。幼儿们可以在游戏中学习，在游戏中发展自我。教师应该从幼儿的兴趣出发，从多方面指导幼儿游戏与学习。

一、已有的生活经验激发幼儿游戏兴趣，发展幼儿游戏水平

幼儿的游戏大多来源于生活，并且高于生活。幼儿在游戏当中都会将不同的生活经验有意识地带到游戏当中，发展游戏水平。在游戏过程中，教师

---

* 作者简介：朱凡，北京市清华洁华幼儿园，三级教师。

作为一个观察者,要及时关注到幼儿游戏点,适当引导,积累经验。

1. 活动过程

建筑区是孩子们最喜欢的区域之一,而且男孩子喜欢玩得特别多。今天来到建筑区的是宁宁、大海和晨晨,他们首先观察了墙上的图片,确定了要搭建的主题,三个人都干劲十足要搭一个小别墅。他们一边参考墙上的图片一边搭,很快建筑的主体就搭建出来了。这时,教师说:"怎么就只有一个小工人了?你们这是搭的什么啊?"(见图1)在收玩具的音乐响起的时候,晨晨跑过来说:"老师!我们的别墅搭好了。"(见图2)教师走过去一看,他们又进行了装饰,教师指着那个斜着的梯子边上立起来的长板问他:"这是什么?"他说:"这是电梯。手可以扶着这里上去。"

图1 搭建别墅　　　　图2 搭建完成

2. 行为分析及教育反思

游戏后的讲评活动是师幼、幼儿之间相互学习和分享快乐的过程。每个幼儿在游戏过程中参与游戏的体验不同,经验也不同。孩子们喜欢欣赏和观察图片,并且可以从形象的图片中主动学习。在建筑区的墙上面,我们布置了许多种搭建方法,如叠高、架空、连接和覆盖等,这样可以让幼儿在没有想法的时候进行参考学习,还可以将孩子们的作品用照片的方式记录下来进行展示。当幼儿看到自己的作品在墙上展示而成为大家学习的榜样时,搭建的兴趣就更加浓厚了。区域点评的时候,请小朋友给大家介绍作品。用长板来搭电梯,说明幼儿在生活中乘坐过电梯,知道电梯是有扶手的,这就是孩子有丰富的生活经验。在交流分享自己作品的同时也可以丰富其他孩子的经验。在分享自己的经验时,幼儿的心理也会产生一种成功的喜悦,这种喜悦可以促进幼儿积极游戏。

二、投放适宜而有层次的材料支持幼儿的游戏

在区域游戏中,材料是重要的一部分。材料和游戏内容构建了一个完整的游戏。而提供材料的是教师,教师需要根据幼儿的游戏水平和游戏需要提供适宜的游戏材料。不同层次的游戏材料能够更加有序地发展幼儿的游戏水平。

1. 活动过程

宁宁、姚姚、小鲁和丁丁四个男孩子来到建筑区,他们很快商量好了今天要搭建的主题,然后分好工开始搭建。主体建筑不一会儿就搭出来了,就在这时,左半边的建筑"哗"地倒了,只见他们几个没有抱怨,继续把它恢复起来。不一会儿,左半边的建筑又不争气地倒了,这下宁宁小朋友说:"怎么回事啊?谁碰了啊?"可是大家都说自己没有碰,这时教师走过去说:"那你们要想想是不是哪里没有搭稳,找一找哪里出了问题?"于是,这四个小男孩开始观察起来,姚姚喊道:"我知道了!是那个Y型的积木太大、太沉了。"教师说:"那你们想想怎么能让它稳一点?"这时宁宁说:"是不是底下的积木撑不住啊?"教师说:"那要怎么办呢?"

2. 行为分析及教育反思

搭建前,先带孩子们去参观了大班哥哥姐姐们的搭建作品,孩子们很受启发,班里搭建的作品也有了很大的变化。我们还在建筑区里投放了纸杯,可以用来搭建建筑或者搭桥,桥墩可以用积木来搭也可以用纸杯来搭。每层

之间都可以用一些小块儿的积木来装饰，让建筑作品变得更完整、更美观，这也是参观大班哥哥姐姐的建筑区后学到的。皮亚杰提出："儿童的智慧源于材料。"建筑区活动的教育功能主要通过与材料的互动来发展幼儿各方面的能力。丰富多样的材料不仅能够激发幼儿的积极性，更重要的是可以充分发挥幼儿的想象力和创造力，但是材料的投放并不是越多越好，而是要体现它的目的性、丰富性。

三、同伴合作分工，激发幼儿兴趣，同时相互影响

在区域游戏过程中，幼儿自主选择游戏搭档。通常情况下，他们都会选择平时一起玩耍、自己喜爱的朋友，在一起玩得开心，合作得更加顺利愉快。而不同游戏水平幼儿在一起游戏时，能够鼓励和帮助其他幼儿，幼儿之间可以相互影响。

1. 活动过程

姚姚、小鲁和大海三位小朋友先商量搭建的分工。通过商量，姚姚和小鲁负责搭建筑，大海负责装饰。三个人明确了自己的工作后，各自开始搭建。姚姚对小鲁说："我们可以根据图片进行搭建，搭天安门。"然后，姚姚和小鲁开始认真地观察图片并交流自己的想法。过了一会儿，姚姚说："老师你快看，我们搭建的天安门。"他们的作品装饰体现了对称。教师对他说："真的很像天安门。"听了教师的肯定，姚姚得意地说："你知道我们是怎么搭建出来的吗？"教师说："你跟我说说你的想法吧。"他说："我们是看墙上的图片搭出来的。"原来姚姚和小鲁几个小朋友是参考了建筑区的图片，商量过后决定根据图片进行搭建天安门的。听了他俩的话，教师说："你们真棒，能够观察图片进行搭建。"

2. 行为分析及教育反思

在本次游戏中，幼儿的游戏水平较高，有分工也有合作，能够将学习

到的对称搭建技能运用到游戏中,整个作品看起来非常整齐。在游戏活动中,幼儿的专注度也比较高,活动的过程中几名幼儿分工明确,各自在游戏中有目的地按自己的需要选择材料。区域活动点评的时候,教师请三位小朋友分享他们根据看建筑区的图片进行搭建的游戏行为,鼓励其他幼儿尝试观看图片进行搭建游戏。同伴之间是相互影响、相互作用的,利用同伴之间相互学习,教育活动的时候请幼儿欣赏建筑区的图片,以丰富幼儿的游戏经验。

四、在游戏中培养良好的学习品质

不论是游戏中还是学习中,都会有遇到困难与挫折的时候。在遇到困难时,幼儿能够坚持下去,有一个良好的学习品质,在任何时候都能够帮助幼儿更好地学习,吸取教训、总结经验。

五、总结

每一天幼儿来到幼儿园,区域活动是每一天的日常活动。常言道,游戏是幼儿生活的重要部分,幼儿也是通过游戏来学习和发展自己。幼儿每一天的游戏区域都是自己选择的,如上文中提到的建筑区,幼儿之所以经常选择这个区域是因为幼儿的兴趣点在这里,喜欢搭积木。只有对一件事情有足够的热情与喜爱,才能沉浸其中。幼儿也能在自己喜欢的事情中学会坚持,直至成功。

幼儿自主学习的很大一部分就是来源于兴趣和爱好,不论是成人还是幼儿都是这样的。你不喜欢的事情,做起来也不会开心。当人做一件事情不开心的时候,主动性和积极性就会变差,所以,应该从幼儿的兴趣点出发培养幼儿的兴趣。

参考文献

[1] 李季湄，冯晓霞.《3~6岁儿童学习与发展指南》解读[M].北京：人民教育出版社，2013：50.

[2] 董旭花.幼儿园创造性游戏区域活动指导[M].北京：中国轻工业出版社，2014：40.

把握幼儿年龄与游戏特点，创设班级发展性区域游戏环境

刘 芳*[1]

摘要：教师要依据对幼儿游戏兴趣、游戏水平和游戏内容的观察与分析创设适宜的游戏环境。本文对不同年龄幼儿发展性区域游戏环境的构成要素进行了分析，从实践层面对区域游戏环境的目标发展性、游戏性、主题性、层次性、互动性和记录性进行了具体分析说明。

关键词：区域游戏环境；发展性；主题性；互动性；游戏性

《3~6岁儿童学习与发展指南》指出："要创设丰富的教育环境，最大限度地支持和满足幼儿通过直接感知、实际操作和亲身体验获取经验的需要。"[1] 由于"幼儿园游戏不同于幼儿自然游戏的特点在于其兼具自然性和教育性"[2]，所以，教师必须以理解幼儿的年龄特点为基础，将幼儿的游戏行为和游戏兴趣作为环境创设的前提，对区域游戏环境进行深入思考和规划，创设具有发展性的区域环境，满足幼儿的游戏发展需求。

一、环境创设共同原则下的丰富和个性化

区域游戏环境创设除了实现"目标导向、发展适宜、幼儿参与、因地制

---

* 作者简介：刘芳，北京市清华洁华幼儿园双清苑分园，执行园长，研究方向为幼儿园课程与教育教学、教科研管理。

宜和经济适用原则"[3]的具象化和可操作化之外，还要进行对应游戏特点的丰富和个性化创设。

区域游戏环境以幼儿发展为本，主要包括以下两方面内容。

（1）幼儿发展需求的推动。教师要能够观察和把握幼儿内在发展需求，通过游戏环境引发的游戏顺应幼儿发展需求，推动幼儿发展。

（2）对应领域目标的发展区域环境要能够对应本区域的领域目标发展，起到环境的教育性和引导性作用。教师在设计种植区区域环境时可以对应科学领域中关于动植物和观察比较的相关目标进行创设。教师可以在引导幼儿讨论植物的分类后，再引发幼儿制定不同种类植物的照顾规则（见图1）。

图1　不同种类植物浇水提示

二、把握幼儿年龄特点和游戏特点，打造发展性区域游戏环境

（一）区域投放材料的目标性与发展性

1.区域游戏材料、游戏内容和环境设计对应领域发展目标

如科学区的探索游戏，教师就要依据《3~6岁儿童学习与发展指南》和《幼

儿园教育指导纲要（试行）》目标，以"初步""身边""生活"等符合幼儿学习特点和认知水平的表述作为材料和游戏设计的出发点。教师必须要清楚本游戏的发展目标是什么，既不能纯粹为了有趣，也不能将游戏变成纯粹的学习性活动，要让区域游戏环境更加丰富、有趣、有价值。幼儿按自己的浇水规划，通过调整水瓶悬挂位置、倾斜角度和水瓶之间的距离来对应不同位置花槽浇水。每一次操作都是一种挑战。幼儿在不断调整和观察的试验中获得了乐趣和成功的体验。这样的环境就有了变化性、后续性、生命力和吸引力。

2. 体现个体差异与层次性的发展性游戏材料

教师只有基于观察对幼儿和游戏材料进行水平分层，再对同一性质的游戏材料进行分层设计和投放，幼儿才能根据自我发展需求和水平来选择对应的材料游戏。同一领域材料投放要体现年龄段差异，同时也要注意同一年龄段材料的差异性和层次性。

对应不同年龄数学领域发展目标，教师设计了不同操作水平的游戏材料（见图2）。

中班：数字的实际意义与数物对应

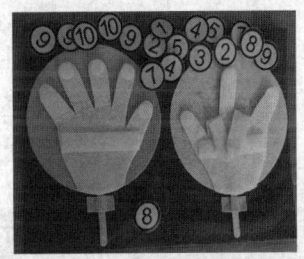
大班：运用观察比较和对应的方法解决故事和生活中的问题

图2 数学领域对应年龄层次性材料

教师依据某幼儿喜欢找缝隙塞东西和藏玩具的行为特点，为其制作了有窄缝且是有开口的箱子和摸箱，充分满足个体发展需要。

（二）材料和环境内容的游戏性

材料游戏化能让幼儿获得更加自主的游戏体验，避免了游戏教学化和教师意识。

幼儿通过改变软管形态和放置小球的位置，在快乐游戏中对小球掉落和软管形态获得了空间关系认知（见图3）。

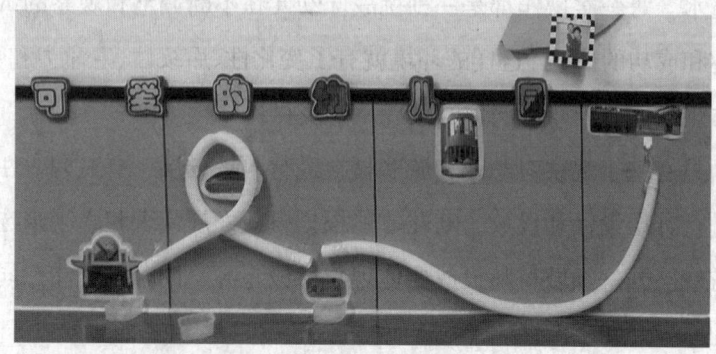

图3　小球落下来游戏

（三）区域游戏的主题性

1. 与教学主题的整体衔接和系列性

区域游戏可以与教学主题相互结合衔接，成为一个整体，如图4中的社区主题游戏。

彩虹社区主题墙

把握幼儿年龄与游戏特点，创设班级发展性区域游戏环境

社区中的餐厅

社区中的美发厅

图4　社区主题游戏环境

2.专项主题游戏

（1）内容型主题游戏。不同的游戏和材料构成同一性质类型的系列游戏，如围绕空气的流动性开展不同材料和玩法的游戏。在操作性、趣味性强的游戏的过程中，幼儿能更加直观地理解空气的特性（见图5）。

（2）材料型主题游戏。用同种材料进行不同的游戏设计，形成以材料为主题的游戏，如图6游戏中的磁铁、纸类和豆类游戏等。幼儿在趣味性、创造性游戏的操作中获得对该材料的感知和创造，思维与动手能力都获得了发展。

图5　空气特性不同游戏材料

图6　纸的系列游戏

3. 幼儿自发的主题游戏

教师顺应幼儿当前兴趣创设的主题游戏。在自发主题游戏中，幼儿相互协商讨论，共同进行区域游戏设计，主体性能得到充分有效的发挥，如图7中的"这里是酒店"主题游戏。

假期归来后，幼儿对酒店话题的讨论非常热烈，大家将班级区域方位对应酒店进行了内容设计和命名，开展了酒店主题游戏。

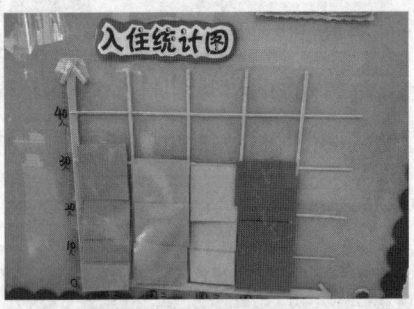

酒店的建筑造型、酒店外部环境设计

图 7 "这里是酒店"主题游戏

(四)区域游戏的互动性

具有互动性的游戏环境对幼儿更具吸引力,在幼儿真正玩起来、动起来的过程中发挥环境育人的功能。

1. 材料与幼儿的互动

(1)材料的生活化。材料的生活化是指游戏材料是幼儿生活中常见的并能够在生活中进行的游戏。如图 8 所示各类生活材料让幼儿的游戏更加自然和具有可迁移性。

图 8　生活材料游戏

（2）材料的可操作性。这类游戏材料具有便于幼儿操作、结果立现的特点。幼儿当时就能在操作中看到游戏结果，如图 9 中的皮影游戏和震动传导游戏。

图 9　可操作游戏材料

2. 区域环境与幼儿的提示性互动

小小的区域提示也可以将幼儿的游戏（生活）常规和相关的领域发展目标与幼儿现阶段的年龄特点和最近发展区巧妙地结合起来，成为一种无形的隐性学习。

规则性区域提示：

（1）一般性的游戏常规提示。

（2）与领域发展目标结合的区域提示。教师可以用对应不同年龄阶段幼儿发展水平的领域内容对区域游戏材料的收放进行引导和提示。

（3）游戏启发性提示。教师可以结合区域发展目标和幼儿发展水平，为幼儿提供启发性游戏提示，提高游戏水平。如图10中，美工区投放范例、步骤图、半成品等可供不同水平幼儿操作的材料。

图10　美工区启发性提示材料

（五）幼儿对自身游戏活动的及时记录

幼儿对游戏活动的计划、过程与结果的及时记录。幼儿在游戏记录中，思维整合、做计划的能力和空间认知、图形转化能力得到了发展。如图11中游戏结束后的结果记录，图12中游戏前幼儿的玩法计划记录。

图11　游戏的结果记录　　　　图12　游戏前的计划

发展性区域游戏环境通过环境与幼儿的互动，达到了引发幼儿自主游戏、促进游戏水平提升、拓展幼儿游戏行为的教育目标。教师还要注意处理好美观性与功能性的关系、环境丰富性和游戏延展性的关系，让区域环境更加符合幼儿发展需求，真正成为推动幼儿发展的有生命力的环境。

参考文献

[1] 中华人民共和国教育部.3~6岁儿童学习与发展指南[M].北京：首都师范大学出版社，2012.

[2] 刘焱.儿童游戏通论[M].北京：北京师范大学出版社，2004.

[3] 刘焱，何梦焱.幼儿园教育环境创设[M].北京：高等教育出版社，2014.

中大班幼儿建构区合作行为研究

李 静 *❶

摘要：本研究以幼儿建构区活动中合作行为的现状为主要研究内容，发现中大班幼儿建构区合作时长和频次存在差异；幼儿合作行为的发起形式分为幼儿发起和教师发起；典型的合作行为有协商、分工及接纳等；幼儿合作行为的产生与幼儿个体差异、教师引导方式等因素有关。基于以上结果，本文提出针对教师提升幼儿建构区合作行为的建议，主要包括支持幼儿选择，尊重幼儿游戏；提升判断能力，适时介入游戏；树立观察意识，具有识别能力；拥有记录意识，注重反思评价等。

关键词：中大班幼儿；合作行为；建构区；指导建议

一、问题的提出

建构游戏一直以来都是幼儿在区角活动中最重要，也是幼儿最感兴趣的游戏之一，建构游戏对幼儿的身心发展具有独特的教育价值。幼儿在建构游戏中的合作行为正是幼儿在游戏过程中发展其自身社会性的重要体现。与此同时，合作行为是幼儿在建构游戏中必不可少的一种互动行为，幼儿的合作水平直接影响着幼儿的游戏水平。

但通过观察也发现目前中大班幼儿在建构游戏的过程中普遍存在着协商不恰、分工不明等现象，幼儿在建构游戏中合作能力的发展也往往因此而停

---

* 作者简介：李静，北京市西城区棉花胡同幼儿园，一级教师。

滞不前。教师在对幼儿合作行为的介入及辅助能力上往往不能满足幼儿在游戏中的需求。本研究主要通过对4~6岁中大班幼儿在建构区中合作行为的观察，了解此年龄阶段幼儿的游戏水平及合作行为的现状，从而为教师对幼儿在建构游戏中合作行为的指导提出有效建议，在满足幼儿游戏需求的同时，进一步促进其自身社会性发展水平的提高。

二、观察与调查结果的发现与分析

通过为期两个学年的研究，我们积累了近80份观察记录，以下是针对观察及问卷的呈现与分析。

（一）中大班幼儿建构区合作行为的整体发展现状

1. 合作时长的增加是幼儿游戏水平发展的重要体现

研究发现，中班幼儿的合作并不能够维持很久，少数幼儿处于只能够维持几分钟的状态，多数中班幼儿合作时长集中在10~20分钟，只有部分幼儿开展了30分钟以内的相对时间较长的合作。对大班幼儿观察及分析发现，大班幼儿的合作时间相较于中班幼儿有了较明显的提升，基本不存在10分钟以内的短时间合作，且大多数幼儿都可以将合作开展至20分钟以上。单从时间角度分析中大班幼儿的合作，虽然并不能看出幼儿在合作质量和合作内容上的改变，但随着中大班幼儿的发展，合作时间的增加会伴随着幼儿在合作中专注度及坚持性等学习品质的提升。因此，合作行为时长的增加也就意味着幼儿合作水平、游戏水平会具有一定程度的提升。

2. 幼儿建构区合作行为的主要形式

通过对幼儿建构区合作行为的观察，本文主要从幼儿合作行为的发起形式、实现方式及幼儿主要角色等三个方面对幼儿建构区合作行为的主要形式进行了讨论。

（1）关于合作行为发起形式的讨论。在幼儿合作行为发起形式方面，研究发现幼儿合作行为主要为自主发起与教师发起两种[1]。前者是幼儿通过在游戏中遇到困难达成共同目标后，自发通过协商、讨论等典型行为而生成的合作行为；后者则是教师在观察幼儿的游戏现状，发现幼儿遇到某一困难无法自行解决时，引导幼儿与伙伴共同解决而产生的一种合作行为。对发起形式的统计发现，目前中大班大部分幼儿合作行为的发起能够在具有共同目标和计划后产生和开展，仅有少部分幼儿的合作行为是在教师介入和建议后产生的。这一统计结果也充分说明，目前我园中大班幼儿无论在合作中还是在游戏中已基本具有较高程度的主动性。

（2）关于合作行为实现方式的讨论。在合作行为实现方式方面，本研究发现中大班幼儿合作行为的实现方式基本相同。目前，中大班幼儿在合作游戏中主要有下几种实现方式。一种是幼儿会有明显的合作意向，但没有明确的合作目的，会出现意见不能统一、没有具体的合作行为等意向性合作现象[2]；还会出现部分幼儿有简单的语言交流，能够协调统一合作意图，但由于合作目标不明确，整个合作过程自由松散的自发性协同现象；幼儿在游戏中围绕与任务或问题相关的主题，进行有针对性和计划性的语言交流，相互配合，共同商量，合作目标较明确，合作进程基本上按合作意图展开的适应性协同现象出现；以及有幼儿围绕与任务或问题相关的主题，出现明确的分工，合作进程显示出一定的组织性等组织化协作出现。其中，中班幼儿多以意向性协同合作和自发性协同合作为主，伴有部分幼儿的适应性协同和组织化协作。大班幼儿则多以适应性协同及组织化协同为主，但仍有少部分幼儿会出现意向性协同及自发性协同的合作。中大班幼儿普遍具有较强的合作意识，但具有合作意识的幼儿不一定都具有合作意愿。幼儿在游戏中的合作效果由幼儿的主动性决定。

（3）关于合作行为角色的讨论。幼儿在合作中会有不同角色的区分，不同幼儿在同一合作行为中的地位及角色也不尽相同，基本可分为主导者和协助者、命令者和服从者及平等合作者这三种关系。命令和服从多发生在中班的幼儿的合作行为中,大班幼儿的合作游戏多以主导与协助及平等合作游戏为主。

(二)教师对建构区幼儿合作行为的指导现状

通过对老师们困惑的整理及对问卷调查结果的统计,本研究对幼儿建构区合作行为指导中的主要问题梳理如下。

(1)对幼儿游戏的介入缺乏反思意识。通过问卷调查发现,许多老师在介入幼儿游戏后都不会进行对此次游戏介入的反思。

(2)观察内容盲目。许多老师在观察幼儿的游戏时表示,不知道该观察幼儿的哪些方面,也不知道如何描述幼儿的某一种品质或技能。

(3)缺少记录意识、记录后缺乏反思与评价。通过观察教师的日常指导行为发现,很多教师在记录或录像后,除书写观察记录和学习故事的需要外,基本不会对这些记录进行分析、反思和评价。

三、基于研究提出的建议

研究发现,良好合作行为的产生需要合作行为由幼儿自主发起;合作目标由合作者共同确立、游戏内容符合所有合作幼儿的兴趣;所有合作幼儿在合作中具有较好的社交能力及平等的合作角色、地位;幼儿在遇到困难时能够共同解决问题。教师对建构区幼儿合作行为也起着十分重要的影响。教师普遍愿意参与幼儿建构区游戏的引导,意识到游戏中幼儿合作行为的重要作用,但往往因为时间紧促等教师容易出现对幼儿游戏的介入缺乏反思意识、观察目的欠明确、观察内容盲目等现象。此外,很多老师也反应很难一一为幼儿的游戏进行录像,并且对记录进行分析、反思和评价。

因此,我们针对教师对幼儿建构区合作行为的引导提出四点建议:

①支持幼儿选择，尊重幼儿游戏；②提升判断能力，适时介入游戏；③树立观察意识，具有识别能力；④拥有记录意识，注重反思评价。

四、研究感悟

此次研究也积累了一些经验，这些是今后研究中需要注意的地方。首先，原本计划采用访谈法来了解没有合作的幼儿的想法，但在操作时受幼儿活动时间等实际因素影响，难以充分执行。其次，虽然依据调研结果提出了改进建议，但由于联系思考不够深入，没有再在实践中检验和完善，所以建议部分比较粗浅，使研究价值打了折扣。作为一线教师，我们的课题研究只有紧密贴合实践，切实考虑实际操作的可行性，才能有效帮助教师解决实际问题，让研究发挥更大的作用。

参考文献

[1] 何娇. 结构游戏中幼儿合作行为的观察研究 [D]. 长沙：湖南师范大学，2013：5.

[2] 陈琴，庞丽娟. 论儿童合作的发展与影响因素 [J]. 教育理论与实践，2001（03）：43-47.

运动游戏中指导家长提升幼儿创新性学习品质的有效策略

侯晓红 *❶

摘要：《3~6岁儿童学习与发展指南》指出："幼儿在活动过程中表现出的积极态度和良好行为倾向是终身学习与发展所必需的宝贵品质。要充分尊重和保护幼儿的好奇心和学习兴趣，帮助幼儿逐步养成积极主动、认真专注、不怕困难、敢于探究和尝试、乐于想象和创造等良好学习品质。"[1] 创造力就是创新思维能力，它不是凭空而来的。家长应该多创造条件，让幼儿在动手做事的基础上，提升创新发展的空间。

关键词：运动游戏；学习品质；幼儿创新性；家园策略

一、问题的提出

陈鹤琴先生说："小孩子实在是难养得很！小孩子不但是难养的，而稍明事理人都知道他们也难教得很。"[2] 佳佳四岁了，妈妈每次带她户外活动时，她总爱选择拍皮球。拍一会儿后，佳佳就抱着球不玩儿了。妈妈提醒她换个玩具玩儿时，她又抱起皮球漫不经心地拍几下。在家中玩玩具时，佳佳也总爱选娃娃、毛绒玩具抱着摆弄，很少玩儿一些挑战想象力和充满创造力的游戏。

---

* 作者简介：侯晓红，中央军委机关事务管理总局红星幼儿园（丰台园），高级教师，主要从事幼儿教师、家庭教育指导的工作和研究。

在运动游戏中如何提升幼儿的创新意识,鼓励幼儿尝试富有创造性的新玩法?本次家园互动主要从以下三方面进行研究:第一,创新性学习品质的重要价值;第二,创新性品质在运动游戏中的特征表现;第三,指导家长在运动游戏中提升幼儿创新性学习品质的有效策略。

二、问题的探究与分析

(一)创新性学习品质的重要价值

创新不一定是创造全新的事物,也可以是将旧事物以新的形式呈现,赋予旧事物新的切入点。在运动游戏中,创新的价值体现在让孩子根据现有的形式与规则,激发新的兴趣,创造新的玩法。让幼儿充分发挥想象力,提升思维力,这才是创造性游戏的价值所在。同时,创新性要兼具合理性,并且能够被大多数人认可。

美国心理学家托兰斯研究认为,4~7岁是儿童最富有创造性的时期,是创造性发展最自由、最迅速的阶段。游戏是幼儿最喜爱的体育活动之一,创造性体育游戏是培养幼儿创新精神和创新能力的有效途径之一。

(二)创新性品质在运动游戏中的特征

第一,在游戏中为幼儿提供不同种类、层次的材料,激发幼儿在原有水平上对新的玩法产生探索的愿望。《3~6岁儿童学习与发展指南》明确指出:"环境是重要的教育资源,应通过环境材料的创设与利用,有效促进幼儿的发展。"由此可见,创设适宜的运动环境十分重要。例如,小班幼儿练习上肢抛接动作时,在材料选择上可提供大一些的软球或沙包;中班幼儿练习投远时,可提供有一定重量的沙包;大班幼儿进行有挑战性的击中目标物练习时,可提供大一些且有一定重量的投掷物,如篮球。多种选择性不仅满足了不同年龄段儿童拓展运动的需求,而且在物质方面能为他们提供不同种类和层次的运动材料,使幼儿对探索新活动产生更加浓厚的兴趣。

第二,鼓励幼儿挑战新的运动模式。鼓励根据已有的生活经验,大胆设想新玩法,激发幼儿创新的潜能。有时幼儿会按照成人的要求被动地做事,久而久之,幼儿表现的欲望就容易变为被动地模仿指令。因此,在活动中,应该随时调整成人的控制力度,重视幼儿的求异思维。通过提出疑问、设置多变的情境等方法,鼓励幼儿勤思考,自己决定玩什么和怎么玩,不过分地限制他们。在传统游戏中,应启发幼儿创新的玩法,或加入新的玩具材料及元素,引导他们根据已有经验或情境创新游戏内容。例如,大班玩游戏"老狼老狼几点了",之前幼儿有玩这个游戏的经验,已经知道角色关系。"老狼"与幼儿之间用一次次报时间问答并激发幼儿的游戏兴趣,直到说12点时,游戏才到了追逐的高潮部分,最后"老狼"抓住一名幼儿后游戏结束。当教师发现他们对这个传统游戏的兴趣减弱时,怎么才能给这个老游戏赋予创新的玩法,充分调动起幼儿参与游戏的积极性呢?例如,让幼儿讨论除了整点报时,还能怎么报时;鼓励幼儿说出新的思路,可以半点一报,一刻钟一报,五分钟一报等;还可以把"12点到了"改成"天黑了""熊来了",进一步提升游戏的趣味性及创新性。

(三)家园协同提升运动游戏中幼儿创新性学习品质的指导策略

1.幼儿园中的指导策略

通过各种游戏形式潜移默化地促进幼儿创新发展。例如,体育游戏"雪人化了"。教师提出指令"雪化了",幼儿做出低头、弯腰等动作松弛身体。接着教师再次提问:"除了这些部位化了,还有哪儿化了呢?"幼儿回答:"脖子化了,胳膊化了,手化了,腿化了。"之后,教师可以鼓励幼儿自己创新,幼儿可能会说:"花儿开了,花儿长高了。"这一过程可使幼儿的想象力及创新能力得到提升。

2. 家庭中的指导策略

（1）观赏他人玩法，激发大胆尝试的愿望。家长陪伴幼儿观看一些球类比赛或欣赏各式球类活动电视转播，如排球、足球、篮球等，提升幼儿对球类活动的兴趣。让幼儿了解不仅能用手拍球，还可以用脚踢、用头顶，以及投掷、抛接球等。通过观赏和体验不同玩球方法，可以帮助幼儿拓展玩球的经验。

（2）老游戏的创新玩法。家长们儿时玩过的民间游戏非常值得传承和创新，其中"叫号"游戏就很有意思。活动前，将幼儿按顺序编好号，其中一名幼儿站在场地中央，双手将球向上抛，同时口中喊出一个序号，比如"6号"。没被叫中的幼儿赶快跑远，被叫中号的幼儿迅速去接抛高的球，随声喊"停"，全体幼儿立刻双脚原地不动。接球幼儿将球抛向任意一名小朋友，如果球击中了对方，就算抛球的幼儿胜利。怎样指导孩子将老游戏玩出新意呢？家长让幼儿思考还能设置出什么新的玩法和规则。例如，抛球击中目标的规则上可以如何变换。可以用一句话代替"停"，或者根据单双号指导幼儿想出不同的规则，也可以将皮球换成其他的玩具，如沙包、软球等，通过创新充分调动幼儿参与游戏活动的积极性。

（3）同伴互动学习，玩出新花样。鼓励幼儿经常和同伴一起进行游戏。幼儿与幼儿之间语言、动作的交往，可以使他们互相学习，积极采纳他人好的想法。通过幼儿思维的碰撞，有可能碰撞出属于孩子们之间的快乐，玩出有创新性的游戏内容。为避免幼儿设计的游戏存在安全隐患，家长也可参与游戏当中，帮助他们及时调整，加强自我保护意识。例如，当游戏中出现同伴争抢材料的不友好行为，鼓励幼儿通过协商，遵守游戏规则及分配角色，不攻击同伴。这不仅帮助幼儿建立了规则意识，而且也让幼儿体验到了与同伴共同参与创新性游戏的快乐。

（4）假扮游戏，激发想象力。幼儿年龄小，喜欢假扮性强的游戏。因此，他们经常把游戏材料想象成"对手"，想要去战胜"它"，或者将材料想象成"弱者",想去照顾"它"。根据这一特点,冬天家长带孩子外出散步,不妨解下孩子的一条小围巾,放在自己的后腰处,假扮成"大灰狼"的样子,并模仿"狼"的口气说:"天冷了,我的肚子好饿呀!好想吃到一只小兔子啊!"幼儿很快就会把家长想象成那只"狼",而自己会立刻学着兔子的样子飞快地向前方跳着"逃"走了。之后,还可以和家长尝试交换扮演角色,不知不觉中既达到了锻炼的目的,又使亲子关系更加和谐。

三、结语

家庭和幼儿园对幼儿来说是两个重要的教育环境。在运动游戏过程中,教师和家长应依据幼儿身心发展的规律和特点,帮助幼儿养成积极主动、敢于尝试和探究的良好习惯;有针对性地实施家园互动教育策略,在运动游戏中进一步发挥幼儿创新性的独特作用。对幼儿给予充分的理解与尊重,能促进幼儿创造力学习品质的发展。

参考文献

[1] 中华人民共和国教育部. 3~6 岁儿童学习与发展指南 [M]. 北京:首都师范大学出版社,2012.

[2] 陈鹤琴. 家庭教育 [M]. 上海:华东师范大学出版社,2013.

"活起来"的色彩游戏让幼儿爱上表达

任晓燕 *[1]

摘要：幼儿认识客观世界是从感知觉开始的，因此根据幼儿在成长过程中各阶段的心理发展特点，有意识地培养他们的色彩感知觉，对于儿童良好性格的形成和智力的发展具有重要的意义。基于陈鹤琴先生的"活教育"思想，运用色彩特有的直观性、可变性，在幼儿园美工区域游戏中开展不同形式的色彩游戏，尝试通过艺术语言来表达情感。通过幼儿"活起来"的艺术创作，可以让我们了解幼儿认知的发展状况，注意他们所表达的信息，为幼儿提供适宜表达的艺术活动环境，提高幼儿对艺术感和表达的能力。

关键词：色彩；游戏；艺术表达

在我国传统幼儿艺术教育中，常常把艺术技能的习得、艺术知识的积累作为艺术教育的主要目标；把审美教育仅仅作为德育、智育的工具和手段，主要集中在挖掘审美对象的真与善的内涵，强调它的"辅德与益智"功能，从而忽略了以幼儿为主体的感知与体验、想象与创造等种子的艺术能力培养。陈鹤琴先生说："若我们知道儿童对于各种颜色的兴趣，我们就可以利用这种心理来施行适当的儿童教育。"[1]

幼儿认识客观世界是从感、知觉开始的，因为有了感觉和知觉人才能获得关于客观世界的知识，从而为进行高级、复杂的心理活动打下基础。而在

---

* 作者简介：任晓燕，北京市东城区光明幼儿园，副园长。

人的各种感知觉活动中,如视觉、听觉、味觉、嗅觉、触觉及空间时间知觉活动中,视觉占据了主导地位。研究表明,人从环境中获得的大部分信息中约有80%是通过视觉传递给大脑的,而色彩感知觉,即色觉在视觉活动中又发挥着极其重要的作用。根据幼儿在成长过程中各阶段的心理发展特点,有意识地培养他们的色彩感知觉,对于儿童良好性格的形成和智力的发展具有重要的意义。

在以往的幼儿园艺术领域教学中,色彩认知是作为一项专门需要幼儿掌握的课程来学习的,教学中常常忽略幼儿自主的感知与情感体验,忽略通过幼儿喜欢的游戏形式去体验,忽略课程的游戏化呈现形式,久而久之导致幼儿只有对教师及其知识的认同,没有自己对审美对象的直接感知和体验,更打消了幼儿表达的欲望和兴趣。基于以上一系列问题,需要教师正确认识幼儿艺术教育的价值,认识幼儿的艺术活动是他们内在的生命活动,是一种感性地认识世界和表现世界的方式。为实现以上价值,幼儿艺术教育的内容应与幼儿已有的生活经验相结合,符合幼儿年龄特点和兴趣需要,尤其要注意引导幼儿关注自然环境和生活中美的事物的欣赏与感受。

运用陈鹤琴先生"活教育"的思想,我们在幼儿园美工区域游戏中开展不同形式的色彩游戏。通过幼儿"活起来"的艺术创作,我们可以了解幼儿认知的发展状况,注意它们所表达的信息,为幼儿提供适宜表达的艺术活动环境,提高幼儿对艺术感受的表达能力。

一、体验丰富的色彩游戏支持幼儿艺术表现"活起来"

幼儿的学习经验是以直接经验为基础的。在色彩游戏科研实践中,教师积极为幼儿创设丰富的色彩游戏环境,支持和满足幼儿通过直接感知操作色彩游戏材料,亲身体验色彩游戏传递美的信息,进行艺术表现。通过绘画游戏鼓励幼儿运用添画、补色、拓印、写生和设计等方式进行再创作,体验不同的色彩带来的不同感受。通过手工游戏培养兴趣，提升艺术表现力。在泥工活动中，充分感知泥的特性，尝试单色泥、多色泥和混泥等游戏创作过程，增强幼儿对色彩游戏的兴趣。在纸工活动中，运用折、剪、塑和贴等方式将不同颜色的、质地不同的纸张进行再创作，并用描绘和添画等方式丰富其艺术表现（见图1）。

图1　幼儿尝试不同形式的创作

二、内容多样的色彩游戏丰富幼儿的艺术表现"活起来"

（一）绘本篇

"儿童爱好故事"，以往我们更多的是在语言领域里开展相关活动。通过在绘本故事与色彩游戏之间搭建桥梁，带给了我们很多惊喜。《野兽国》是孩子们特别喜欢的绘本，围绕主人公麦克斯在野兽国发生的故事，孩子们从第一次活动开始就喜欢上了表演绘本中基本场景里的人和物。游戏活动时，有幼儿开始在画板上画野兽，吸引了很多小朋友围观，他们也要画一画自己的小野兽。接下来，孩子们画野兽、扮演野兽、给自己的野兽起名字、用彩泥做野兽……新年的时候，孩子们和家长一起设计野兽服装，幼儿把自己装扮成野兽并召开了野兽化装舞会。在这个绘本活动中，幼儿从单一的绘本故事进入，逐渐融入丰富多彩的色彩游戏和戏剧表演活动中。很多幼儿都从幕后走到台前，主动自信地进行表达。活动中教师为幼儿提供自由表现的机会，鼓励幼儿用不同艺术形式大胆地表达自己的情感、理解和想象，尊重每个幼儿的想法和创造。野兽国的系列色彩游戏活动激发了幼儿不断尝试的欲望。在绘本的基础上，孩子们加入了很多自己的想法和设计，《野兽国》的故事也变得更加丰富多彩了。

（二）自然篇

陈鹤琴的"活教育"课程的第一原则启发我们"把大自然、大社会作为活教材，让学生直接向大自然、大社会去学习"。每年春天，都是幼儿园里最美的季节。教师们和孩子们一起在幼儿园的操场、花园和树丛中，观察、发现、欣赏、创作和表达自己对春天的感受。在以"树"为主题的艺术创作活动中，教师和幼儿一起在幼儿园里寻找自己喜欢的树，分别对树冠、树干、树枝和树叶有目的地进行观察。这些活动不仅丰富了幼儿的感知经验，增加了视觉记忆力，还让幼儿对所画的东西有所认识，积累了具体形象经验。

三、表现灵活的色彩游戏拓展幼儿"活"的艺术表现

（一）合作篇

进入大班下学期，幼儿临近入小学，合作创作、合作表演、合作学习也越来越多。从开学第一天我们就组织了"'新学期，新愿望'长卷绘画，讲给家长听"的活动，让每个孩子都能自信地表达自己对新学期的畅想。三月底在全体大班幼儿和老师的共同努力下，我们用两周时间完成了30幅，长140厘米、高110厘米的大型系列壁画——"我眼中的春天"的创作，并在大型梨花节上展出。

（二）材料篇

为幼儿提供丰富的工具和材料，是开展幼儿色彩游戏活动的物质基础，也是丰富幼儿艺术表达方式的关键。陈鹤琴先生说："孩子们最自然的学习是从生活中、自然环境中获得的。最容易理解和掌握的东西是从他们所熟悉的环境、活动中获得的。"花的系列创作活动中，幼儿的每幅作品的色彩、材料、组合创作方式都各不相同。随着孩子们兴趣越来越浓，在"桃花朵朵开"的系列创作活动中，孩子们用的创作材料也越来越丰富。

"幼儿对事物的感受和理解不同于成人，他们表达自己认识和情感的方式也有别于成人"。幼儿的视觉神经不够成熟时，有些事物还看不懂，有些看见了也理解了，但是不一定能画出来，感知觉需要时间积累。"活起来"的幼儿园色彩游戏，让更多的幼儿爱上创作和表达。幼儿的创作可以让我们了解幼儿认知的发展状况，注意他们所表达的信息，为幼儿提供适宜表达的艺术活动环境，提高幼儿对艺术感受表达的能力，从而找到"幼儿美术创作的像与不像"的平衡点。平衡的依据让我们对自己的研究更有信心，并努力进行实践。未来将是一个艺术的时代，每个人都要懂得美学。看似无关紧要的艺术学习，关乎未来。色彩游戏让孩子们都拥有了一双发现美的眼睛，用艺术的眼睛去欣赏美，用艺术的心去感受美，用艺术的手去表现美。

参考文献

[1] 陈鹤琴.陈鹤琴全集（第一卷）.南京：江苏教育出版社，2008：300.

[2] 陈鹤琴.陈鹤琴全集（第四卷）.南京：江苏教育出版社，2008：297.

[3] 北京市教育委员会.北京市贯彻《幼儿园教育纲要（试行）》实施细则[M].北京：同心出版社，2006.

[4] 中华人民共和国教育部.3~6岁儿童学习与发展指南[M].北京：首都师范大学出版社，2012.

[5] 李文馥. 幼儿美术教育 [M]. 北京：中国劳动社会保障出版社，2000.

[6] 张福芝. 幼儿创造性美术教育 [M]. 北京：地质出版社，2002.

[7] 屠美如. 儿童美术欣赏教育研究 [M]. 北京：教育科学出版社，2001.

[8] 克莱尔·格罗姆. 心理学家看儿童艺术 [M]. 上海：世界图书出版公司出版，2011.

[9] 孔起英. 幼儿园美术领域教育精要——关键经验与活动指导 [M]. 北京：教育科学出版社，2017.

[10] 李甦. 探索儿童的绘画世界 [M]. 上海：华东师范大学出版社，2017.

在自由宽松的教育环境下树立幼儿自信心

李 曼 *[1]

摘要：自信心是促进人的一生健康发展、走向成功的重要的动力。本文运用了研究法、观察法和共情法等研究方法，通过一些相对应的教育策略，营造宽松、友爱、自主和包容的教育环境，利用集体教育与个别教育相结合的教育方式，在培养幼儿乐观向上、积极向前的学习品质及人格品质，促进幼儿自信心健康发展这一方面进行了尝试。本文通过对幼儿进行研究前后的比较、分析，在幼儿自信心的树立与培养方面取得了一些成效。

关键词：教育环境；幼儿；自信心

一、问题的提出

自信心是一个人迈向成功的第一步。如果缺乏自信心，就必然自卑、怯懦、畏缩，没有魄力无法担当重任。往往自信心弱的幼儿会迟疑、被动，不敢坚持自己提出的行动方向，对新环境、新事物容易产生畏惧和退缩情绪，遇到困难不能自己解决，常常求助于人。《幼儿园教育指导纲要（试行）》指出：要为每个幼儿提供表现自己和获得成功的机会，增强其自尊心和自信心。集体生活是锻炼幼儿的最好时机，是幼儿建立自信心的基础，要在集体中给他们提供表现自己、展示特长和优点的机会，有利于幼儿进一步强化自信意识，

---

* 作者简介：李曼，北京市顺义区杨镇中心幼儿园，副园长，承担"提高教师家园共育素养"的课题研究工作。

提高他们的能力。尤其是要把活动面向全体幼儿，对能力弱的幼儿给予更多的关注，让每个幼儿都有参与机会，自信得到提升。因此，在活动中我们应采取积极、适宜的教育方法和措施，培养幼儿乐观向上、积极向前的人格品质，促进幼儿自信心的健康发展。

二、策略研究及观察结果发现和分析

（一）创造一个有利于自信心发展的环境

首先，以尊重、爱护为前提，为幼儿创设一种自然和谐的活动氛围及宽松舒适的心理环境。在活动中，应时刻关注一些被忽略的细节，发现幼儿的闪光点。其次，采用共情策略与幼儿分享看到他们进步后的喜悦，对幼儿的自信心进行进一步的精神滋养。

在窗花剪纸活动中，有些小朋友很快就能学会并剪出成品，但会发现有些幼儿对自己剪出的成品并不是很满意，会一直低着头难过，不愿意给别人看。这时教师可以将准备好的纸递给他们，轻轻地走过去对他们说："你们这么快就剪完了，老师很高兴，再剪一个，好吗？"不一会儿，又一个窗花就剪好了，并且比第一个好多了，孩子们露出了自信的微笑。在此基础上，教师还可以布置庆新年的环境，让孩子们用自己的窗花对班级进行装饰。看到自己的作品得到展示，孩子们都会很开心。

（二）留给幼儿自由发展的空间，正确评价

在活动过程中，经常会看到教师给予指导时过多地干涉孩子的决定："不，这样不行""那样不对，应该这样做"……孩子们在这种环境下滋生的不是自信心，而是对成人的依赖和对自己的怀疑。我们应积极创设自由、自主的活动空间让幼儿在实践中体验到成功的快乐。如果幼儿经常在实践活动

中遇到失败或挫折，就会惧怕失败，再加上很少体会到成功的快乐，失败后又不断积累了委屈并受到指责，从而产生自卑心理，那么他们的自信心将会大大减弱。所以，在幼儿活动遇到困难时应多观察，通过一些隐性引导性的环境创设及同伴式的交叉介入，从侧面鼓励、支持幼儿自主完成任务，使其从中体会成功的喜悦。

（三）幼儿自信心表现的个体差异

在各项活动中，幼儿的自信心表现有明显的个体差异。对那些自信心较弱、性格内向或已经对其施加教育影响但效果不明显的孩子，更应给予足够的重视。教师应注意教学方式，选择形象生动的内容，采取灵活多样的方式，让幼儿成为学习的主人，在丰富多彩活动中获得较多的成功体验，促进他们的成就动机，提高自信心。在一定程度上，成就动机能使幼儿激发出比平时更持久的努力，取得更大的成功。虽然偶然的成就动机不能从根本上增强幼儿的自信心，但是多次重复的成功体验必然会影响和促进幼儿自信心的形成。这种良好的感觉会促使他们对其他的事情也抱有较强的自信心，能不靠他人的帮助而独立地尝试某些新的事情，行为较积极主动，表现出较强的独立性和探索精神。此外，教师还可以在专门的活动中有计划地观察并记录个别幼儿的行为表现，对其进行适时的引导与帮助，并对其前后的行为表现进行纵向的追踪观察和比较分析，用充满爱意的眼神认可他，找出其微小的变化，鼓励他、肯定他，使幼儿感受到自己是被关心的，是能干的，从而进一步引发幼儿学习的内在动机，今后能够更轻松、愉快、自信地参与一切活动。对幼儿被赞扬和认可需求的适度满足，可大大激发幼儿的积极情绪，使幼儿更容易接受成人提出的要求，增强自信心，强化良好的行为习惯。

三、观察结果发现和分析

如下面3张数据表所示（见表1、表2、表3），在游戏活动中幼儿自信心进行前测、后测数据，75%以上幼儿愿意和同伴一起玩。在游戏过程中，有些幼儿受到同伴的欢迎后，会邀请其他幼儿和自己一起玩游戏。同时，这三张表也反映出有一部分幼儿由于缺乏自信在游戏中存在问题。他们不愿和其他小朋友交流想法，更不愿单独进行表演。这时，教师利用寻找自信心较弱的幼儿身上的发光点，使幼儿认识到自己的长处，相信自己的力量。可以从幼儿擅长的活动入手，注意寻找、积累他们的进步和成绩，使幼儿得到积极的评价与展示。渐渐地，孩子们的自信心有了明显的提高，变得活泼、开朗了，并且在各个方面表现出积极、大胆、主动的精神，从而更好地促进社会性的发展。

表1 幼儿自信心前后测比较

测量顺序	低	一般	高
前测	35%	50%	15%
后测	7%	53%	42%

表2 幼儿自信心的调查问卷

调查问卷	第一次		第二次	
	能	不能	能	不能
家里来客人时，能做到不害怕、不回避	90%	10%	100%	0
能否主动与客人交流	77%	23%	100%	0
对家里的事是否经常发表自己的建议	70%	30%	97%	3%
是否经常安排自己的一些小事	76%	24%	98%	2%
能否自己解决一些困难	18%	82%	71%	29%
能主动邀请邻居家的小朋友到家里来玩	78%	22%	100%	0
在公共场所能主动和小朋友打招呼	76%	24%	100%	0

在自由宽松的教育环境下树立幼儿自信心

表3 游戏活动中幼儿自信心的观察记录，前后测比较

记录内容		愿意	不愿意
愿意主动和大家一起玩吗？	前测	75%	25%
	后测	100%	0
愿意自己选择游戏内容吗？	前测	67%	33%
	后测	94%	6%
游戏中愿意和小朋友交流自己的想法吗？	前测	58%	42%
	后测	92%	8%
游戏中愿意单独进行表演吗？	前测	50%	50%
	后测	83%	17%
愿意想办法帮助有困难的小朋友吗？	前测	75%	25%
	后测	100%	0

四、体会与思考

（一）培养和增强幼儿的自信心有利于幼儿个体形成积极的人格特征

首先，教师应树立正确的儿童观和教育观，要尊重儿童意愿，切实做到以幼儿为本，根据其自身发展优势，鼓励幼儿参与可增加自信心的活动。其次，教师还要不断提升自身业务水平，不断更新自身教育方法及教育策略。

（二）自信心是人向上奋进的内部动力

要充分信任和尊重孩子，了解儿童的兴趣和专长所在，为他们营造良好的氛围，给予热情的鼓励和帮助与科学的引导。应鼓励儿童对多与同伴接触、交往，使幼儿建立起自信心。

（三）自信心是一个内涵极其广泛的范畴

教师要时刻保持目标意识，在幼儿园一日活动的各个环节和五大领域的

学科中有机落实个性教育目标，做到活动整合，以求幼儿身心和谐发展。在活动操作中，要遵循儿童心理发展特点，允许幼儿有失败、有反复，允许幼儿模仿，鼓励幼儿创新。

（四）自信心的培养不是一朝一夕的事

坚韧不拔、持之以恒是培养儿童自信心的重要环节。可以研究幼儿的性格、气质、教育环境和能力等的差异，对孩子进行适度的超前教育，使用笨鸟先飞的方法，有针对性地对幼儿予以帮助，增强他们的自信心。

户外区域游戏中幼儿动态平衡能力发展的指导策略

陈 炜 *[1]

摘要：幼儿时期是平衡能力发展的最重要时期，在此时期对幼儿动态平衡能力进行科学有效的引导，可以使幼儿平衡能力得到更好的发展，为他们以后的平衡发展奠定良好的基础。我园在幼儿平衡能力方面的引导还存在着活动环境单调、活动形式单一、材料不丰富、活动缺少游戏性等问题。年轻教师对幼儿平衡能力的概念不清楚，游戏中缺乏有效的指导策略。针对这些问题，我们进行研讨分析，遵循幼儿的发展水平，开展了户外区域开放活动，满足了幼儿的发展需要，提高了教师对幼儿平衡能力的有效指导，促进了幼儿身心健康的全面发展。

关键词：户外区域游戏；幼儿；动态平衡能力；指导策略

一、问题的提出

现在许多家庭对幼儿照顾过细，保护过多。随着二胎政策的放开，多数家长年龄较大，选择刨宫产的居多。两个孩子多数由老人抚养，他们大多缺乏科学的育儿经验，包办现象严重。幼儿园年轻教师占主体，她们对于健康目标不够了解，观察幼儿动作发展的指导性不强，对培养幼儿的平衡感不够

---

* 作者简介：陈炜，国家机关事务管理局花园村幼儿园，教师。

重视，从而造成幼儿平衡能力下降的现象。

《3~6岁儿童学习与发展指南》在教育建议中要求："利用多种活动发展身体平衡和协调能力。"[1] 我园在户外区域游戏中培养幼儿的平衡能力，增强幼儿的运动机能，对幼儿的身心发展起到促进作用，并做出了具体的指导策略。

二、平衡能力对幼儿发展的重要作用

平衡能力是人们日常生活和运动的基础，对于幼儿来说，平衡能力有非常重要的意义。研究发现，平衡感发育不良会造成幼儿站无站相、坐无坐相，容易摔倒，拿东西不稳，心烦意乱、躁动不安，人际关系不好、易有攻击性行为，影响语言能力发展及左脑、逻辑能力等现象，严重的可引发幼儿的多动症。幼儿时期是平衡能力发展的最重要时期，在此时期对幼儿动态平衡能力进行科学有效的引导，可以使幼儿平衡能力得到更好的发展，并为他们以后的平衡发展奠定良好的基础。因此，无论是幼儿园还是家庭都应重视对幼儿平衡能力的培养，避免意外伤害，促进幼儿身体全面协调发展。

三、幼儿动态平衡能力发展存在的现状

我园在幼儿动态平衡能力方面的引导还存在着活动环境单调、活动形式单一、材料不丰富、活动缺少游戏性等问题。现在园内年轻教师占主体，一些教师不清楚健康目标，观察幼儿动作的指导性不强，对培养幼儿平衡感不够重视等，造成大部分幼儿平衡能力的下降。针对这些问题，我们进行研讨分析，从幼儿的实际发展出发，开展了户外区域游戏活动，促进幼儿身心健康的全面发展。

四、户外动态平衡区域活动的指导策略

（一）根据幼儿动作发展目标投放游戏材料

在开展户外区域游戏活动中，我们先根据"3~6岁幼儿发展指南目标"及幼儿园体能测查的标准，有意识地引导幼儿在摆放器械时符合中大班幼儿的发展目标。例如，中班幼儿走平衡木标准，男孩的最快速度4~5岁是3.7秒，5~6岁是2.7秒。女孩的最快速度4~5岁是4.1秒，5~6岁是3.0秒。走平衡木的高度为30~40厘米，宽10~15厘米，并可跨过1~2个约15厘米高的障碍物。大班幼儿走平衡木的标准是可以跑过高30~40厘米、宽10~15厘米、长200厘米的平衡木。根据以上标准，我们在区域游戏中引导幼儿将平衡板摆成长200厘米左右的直线，重点练习幼儿走平衡木的速度，提高幼儿身体的平稳与灵活性。另外一条平衡桥由幼儿自由摆放器械，教师加以引导，由易到难。平衡桩、梅花桩间隔15厘米左右，适当增加难度。在平衡板上添加1~2个饮料罐障碍物，使不同年龄和不同层次的幼儿都可以进行练习。一段时间后，我们还会把器械重新组合，呈现出新的活动方式，幼儿可以手中持物走或头顶沙包、飞盘等物品。不断增加平衡游戏的难度，能促使幼儿进行再次尝试。

（二）根据幼儿活动兴趣自主摆放游戏材料

在摆放户外区域游戏材料前，我们和幼儿共同商讨"哪些户外材料可以适合摆放独木桥"。经过讨论，大家选择了梅花桩、平衡板和高低不同的平衡桩。根据幼儿讨论意见及全园整体场地划分，平衡类区域游戏划分在操场东北角，便于幼儿的取放和组合搭建器械。幼儿每次在自由摆放完器械后都会先尝试器械摆放的平稳性，活动材料还可以随时根据幼儿的想法进行调整。由于是孩子们自己摆放的器械，在活动中幼儿的参与性都很高。

（三）开展多样化的活动和其他区域进行联动

平衡能力的发展是所有运动的基础。幼儿可以通过各个区域游戏中的走、跑、跳、爬、钻、投掷和骑小车等游戏内容持续发展身体的平衡能力。例如，在"小小运输队"骑小车游戏中，幼儿可以练习全身身体协调性的平衡发展；在"穿越火线"游戏中，幼儿练习在轮胎上行走的稳定性；在"跨跳神兵"游戏中，幼儿练习身体跳跃时的平衡能力；在"让子弹飞"游戏中，幼儿练习腰部转身发力的身体平稳性。平衡能力的发展是通过幼儿平时在区域游戏中的反复尝试、练习，促进幼儿身体平衡能力的协调发展的。

（四）教师在区域活动中的有效观察与引导

区域开放游戏可以充分调动幼儿在活动中的积极性与主动性。教师要用"支架式学习理论"为幼儿的主体性发展提供帮助，促进幼儿更有效、更快速地发展。

（1）在区域活动前，教师和幼儿要一起检查平衡器械摆放的安全性，确定器械是安全的、平稳的才能开始游戏。

（2）对于平衡动作发展较弱的幼儿，要让他们先克服心理的恐惧，采用激励的语言或榜样作用，帮助他们树立自信心。在材料上有难易之分，教师要适当给予幼儿一定的心理保护。例如，给予一个手掌的支持，以大带小的方式进行等。

（3）对于平衡能力较强的幼儿，注意幼儿的行走速度或练习负重行走，教师适当引导，调整幼儿的平稳性和控制能力。

（4）适时增加游戏的挑战性，增强幼儿解决问题的能力。在游戏活动中适时投放一些新器械，将小拱形桥倒放在地面上，形成一条宽10厘米、高50厘米的小窄路。孩子们看到后积极尝试，因此等待现象就产生了。观察到这一现象后，教师利用讲评时间和幼儿讨论"如何减少等待现象"。经过讨论，孩子们说出了两种方案："可以先到其他区域活动""可以让前面小朋友走快一点"，还有的幼儿提出"我们可以在旁边再搭一条路"。讨论后，对这三组答案进行实践。结果显现，第一个方案只有本班的孩子调整去玩儿了其他区域，其他班级的幼儿还在排队。第二个方案有些幼儿通过拱形桥走到较窄器械时，心里还有恐惧感并不能快速通行，容易出现安全问题。第三种方案，孩子们将梅花桩、平衡桩等器械摆在了拱形桥旁边的道路上，形成了两条穿行道路，这样使后面的幼儿有选择性地通过小桥，及时减少了平衡区的拥堵现象。

因此，教师要在不断的观察中发现问题，引导幼儿思考，共同商讨解决问题的方法。只有不断实践，才能达到真正意义上的幼儿自主性学习与发展。

（五）家园携手，共同促进幼儿平衡能力的发展

幼儿动态平衡能力的持续发展还要得到家长的支持与重视，让家长知道平衡能力的发展对幼儿终身发展的重要性。通过和家长沟通，使他们意识到在平时或周末要加强幼儿平衡类的游戏活动，如荡秋千、旋转木马、蹦床、骑滑板车等活动。这些活动能有效增强幼儿的自信心，更好地促进幼儿平衡感的发展。

通过对我园户外区域活动中幼儿自由拼摆、尝试、探索平衡器械的观察与指导发现，幼儿的平衡能力可塑性非常强。活动前选择好适宜的场地和平衡器械，在活动中进行有效观察与指导，支持幼儿的发展，科学合理地开展活动，幼儿的平衡能力将会得到迅速发展。

参考文献

[1] 李季湄，冯晓霞.《3~6岁儿童学习与发展指南》解读[M].北京：人民教育出版社，2013：5.

[2] 柳倩，周念丽，张晔.学前儿童健康学习与发展核心经验.南京：南京师范大学出版社，2016：8.

开放性区域活动促进小班幼儿主动游戏的研究

李 环 *[1]

一、研究背景

区域游戏是幼儿园一日活动中的重要环节,同时也是幼儿最喜欢的。《3~6岁儿童学习与发展指南》中提出:"关注幼儿学习与发展的整体性。儿童的发展是一个整体"。幼儿在游戏中,可以从不同的方面发展不同的能力,因此区域是否更加开放,会很好地解决这种各个区域相对独立的现象。在开放的环境中,幼儿视野会更加开阔,选择性会更加多样,游戏也会更加深入。

但是,如今我们的区域游戏呈现出自我封闭的现象。而这些无形的阻碍,尤其是对小班的幼儿更为明显。一些性格内向的孩子不知道自己要做些什么;一些性格外向的孩子,则会在一个区域频繁更换游戏。固定的区域和游戏,使孩子们缺乏兴趣,只是一味地重复游戏。

对于自主性本来就不强的小班幼儿来说,区域该如何开放?什么才是真正的开放?用什么样的策略支持幼儿在开放区域游戏中的表现呢?这些都是我们需要研究的问题。

二、功能拓展

小班幼儿的年龄特点是他们的注意较容易分散,加之玩具材料比较简单,

---

* 作者简介:李环,北京市东城区崇文第三幼儿园,教师。

导致幼儿在一件事情做完后，发生不知道要做什么的情况。如果游戏本身能够更加丰富、有趣，幼儿的主动性将得到很大的提升。

（一）精彩瞬间，玩得有趣

在主题为"动物园"的建筑区中，子嫣小朋友拿着从美工区画好的树叶走到了建筑区，喂起了长颈鹿。这个举动让老师找到了契机，于是在分享环节进行了录像加讨论。在孩子们的纷纷参与下，建筑区拓展出了喂动物这个游戏。之后，喂大象、鳄鱼及企鹅的游戏相继出现。孩子将树叶画好后贴在纸筒上喂长颈鹿。将涂色、绘画等方式制作的小鱼，放在鱼篓中喂企鹅。将刷色、撕纸后的水果、干草喂大象。当动物园建好后，大家不再无所事事，开心地喂着各种小动物。

（二）领域融合，玩出智慧

通过对孩子们的了解及对区域游戏的拓展设计，将有趣的科学游戏融合在建筑区中。钓鱼游戏时，孩子们在建筑区中搭建池塘，用带吸铁石的鱼竿去钓鱼。乐乐小朋友想用鱼竿吸住一条蓝色的鱼，可是试了4次，都吸不上来。于是，她拿起小鱼摸了摸头上的塑料泡沫，又用鱼竿上的吸铁石吸了吸，皱起小眉头，将小鱼放在了鱼桶中。在分享活动时，乐乐与大家分享了钓鱼的过程，这才发现每条鱼身上都有不同的材料，有的可以被吸铁石吸上，有的则不能被吸。在之后的游戏中，孩子们对钓鱼更感兴趣了，还会专门拿着鱼和鱼竿试来试去。

在夜行动物馆游戏时，老师将箱子挖好洞，准备一些夜行动物模型，制成"夜行动物馆"。孩子们可以将其放在公园中，用手电筒去探索。一天，昊昊小朋友将积木及小动物放在了暗箱中，一边放一边说："我要把小动物藏起来。"就这样，大家都用手电筒找起了小动物，捉迷藏的游戏也应运而生。

陈鹤琴先生所提出的"在做中学,在玩中学",重点是要看玩什么及在玩的过程中学到什么。因此,不要局限幼儿的游戏,要根据幼儿年龄特点和兴趣去扩展游戏。

三、弹性区域

在孩子游戏时,经常能够看见他们的奇思妙想,作为教师要关注这些想法;同时,要根据孩子的需要,随时调整游戏内容,设置弹性区域。

(一)温馨乐园,快乐宝宝

面对孩子们的不同情况,一个新的游戏区域"温馨乐园"诞生了。在温馨乐园中,有一个用纸箱制作的超大版热气球,在旁边有各种毛绒玩具、汽车玩具。孩子们在这里可以爬进爬出,随意玩各种玩具,既可以和新认识的朋友做游戏,也可以一个人做喜欢的事情,还可以什么都不做坐在一旁观看。这是一个自由、放松的区域,在这里随处可见孩子们放松的状态。

通过时间的推移,孩子们从哭哭啼啼变成了开心快乐。进入这个区域的小朋友也越来越少,因为他们开始选择玩具,选择自己的同伴进行各种游戏了。温馨乐园逐渐完成了它的使命,即将被新的区域游戏所替代。

(二)海滨浴场,自主宝宝

娃娃家的孩子谈起了去海边旅游的想法。通过与孩子们商量,在"海滨浴场"中出现了遮阳伞、躺椅、沙池和烧烤区。孩子们在里面玩沙子、找印记、造城堡、烧烤,还戴上遮阳帽、太阳镜,坐在小椅子上,品尝从艺术区带来的美味蛋糕,好不惬意。甜甜小朋友认真地将小鱼串在钳子上,用小刷子一个一个刷酱,然后将做好的小鱼放在盘子中,请大家一起吃,还把美食拿到表演区和其他小朋友一起分享。在游戏中，孩子们已经没有区域之分了，他们会根据自己的需求进行游戏。

这些有趣的游戏区域是弹性的，教师会从孩子们的行为、语言、年龄特点中获取他们的需求。同时，区域的开设与关闭没有时间规定，而是会根据幼儿的需求增加或减少。

四、多元联动

一次游戏中，大宇小朋友从娃娃家中拿出了盘子、食物，将其摆在建筑区中。看到大宇搬来搬去，几个好朋友也开始忙碌起来。一会儿工夫，地上摆了好多食物。当问他们在做什么时，大宇一边摆食物，一边说："我们在野餐。"在这个过程中，孩子们始终是专注的，他们慢慢地用小水壶往奶瓶中倒水，一趟一趟地运食物。游戏结束后，大家一起分享了这个过程，最终有了野餐的计划。同时，经过两次游戏，孩子们还一起制订了游戏的规则。

就这样，娃娃家与建筑区联动起来。当建筑区的公园搭建好后，娃娃家中的成员就会用书包装好食品，"全家"出动逛公园，野餐。在一次次的游戏中，孩子们的计划性更强了，所带的物品大都与野餐相关，就连图书也在内。在野餐时，"妈妈"会照顾孩子，用奶瓶给孩子喂奶，而那些书则是"妈妈"给宝宝读的书。她们坐在那里，一边读着书，一边还安慰着小宝宝，就像一位位真正的慈爱的妈妈。

五、研究结论

我们都知道因为年龄、环境导致了小班幼儿游戏的主动性、计划性不太强，于是，要利用开放的区域进行引导。

（一）教师的支持

1. 录像机式教师

在教室中，教师要善于抓住孩子们的闪光点，就像相机一样，看到他们的行为，听到他们的语言，感受他们的情绪。幼儿真正的游戏是在游戏中玩，什么游戏能够让孩子喜欢、主动、积极地投入其中呢？答案就是自发的游戏。在野餐游戏中，可以看出孩子们积极投入，就是因为教师从孩子的身上发现了他们的兴趣，从而进行支持、鼓励和引导。

2. 有目的性的教师

曾有一段时间，我们进入了一个误区。每天观察孩子们的新想法，形成新的游戏。慢慢地，这样的状态使班中的环境总是有许多的变化。这种变化使教师、孩子都有些心浮气躁。我们经过不断地研究、实践发现，在游戏中，教师要学会在孩子众多的需求中归类、分析，再甄选出符合幼儿年龄的、真正有趣的内容进行设计。漫无目的地随着孩子的思想游走，只会让教学的目标越来越复杂，越来越混乱。因此，要做有目的、有准备的教师。

（二）幼儿的改变

1. 计划性投入游戏

计划性是人的一生中很重要的能力。有了计划就会很投入地执行。这种投入不是外界刺激得来的，而是内心的驱动，对于小班的幼儿更是如此。比如，在"海滨浴场"中，孩子有了初步的计划要进行烧烤游戏，那么接下来孩子就会自然地进行钓鱼、串串、刷浆等一系列活动。当孩子们有了计划，就会投入游戏、主动游戏。

2. 源于生活，关注游戏

我们的教育的目的是什么？是为了让幼儿今后更好地生活，是为了生活而服务。同时，当幼儿的游戏源于生活时，会更加深入游戏。在野餐游戏中，孩子们扮演不同的角色，一起进行各种物品的准备，以及野餐时的交流和沟通都是孩子们在模仿、还原他们自己的生活。从游戏中，孩子们学会了计划事情、相互关照、分配物品、提升环保意识等。这些游戏也可以反馈在真实生活中。

综上所述，小班幼儿的游戏是需要教师关注和支持的。在有所准备的和关注的情况下，孩子的游戏会更加自主、主动。而这些支持的基础在于一个开放性的区域空间，当孩子们主动地投入游戏中时，真正的游戏就开始了。

参考文献

[1] 李季梅，冯晓霞.3~6岁儿童学习与发展指南 [M].北京：人民教育出版社，2013.

[2] 科恩.幼儿的行为观察与记录 [M].马燕，马希武，译.北京：中国轻工业出版社，2013.

[3] 管旅华.《3~6岁儿童学习与发展指南》案例式解读 [M].上海：华东师范大学出版社，2013.

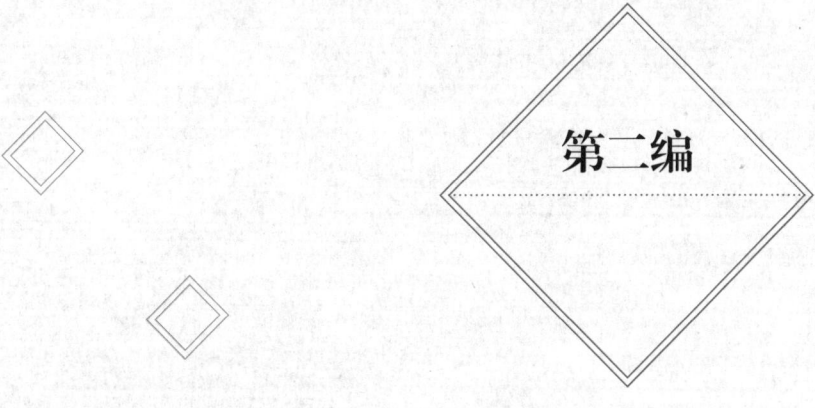

"活教育"课程

浅谈如何让数学自然地渗透在幼儿一日生活中

刘 芸 *[1]

摘要：作为教师，我们应在枯燥的数学活动中找到创新的突破口，敏锐地观察生活、发现生活中的数学教育契机，为幼儿轻松"玩"数学提供有效支持；鼓励幼儿在生活中发现数学、学习数学，最终获得相应的能力。第一，善于发现日常生活中的数学教育契机，引发幼儿学习数学的兴趣。第二，巧妙利用日常生活中的自然数学材料，为幼儿学习数学提供有效支持。第三，创设并进入多元的数学游戏环境，帮助幼儿在生活实践中运用数学。

关键词：数学；自然渗透；幼儿；生活

陈鹤琴老先生的"活教育"思想提到"贴近幼儿的生活来选择幼儿感兴趣的事物和问题，有助于拓展幼儿的经验和视野"[1]。如何将幼儿从枯燥的数学教育中解脱出来，让幼儿爱上数学呢？其实，幼儿的生活中到处都有可利用的资源。教师应敏锐地观察生活，发现生活中的数学教育契机，为幼儿轻松"玩"数学提供有效支持，鼓励幼儿在生活中发现数学、学习数学，最终获得相应的能力。

---

* 作者简介：刘芸，北京市东城区安乐幼儿园，教师。

一、善于发现日常生活中的数学教育契机，引发幼儿学习数学的兴趣

陈鹤琴先生的"活教育"理念突出强调"注重个体差异，因人施教，引导幼儿个性健康发展"。只有捕捉幼儿生活中的教育契机，从幼儿的兴趣点入手，才能做到因材施教，实现"每个儿童都能主动发展"的教学思想。在幼儿在园的一日生活中，只要做个有心人，就能找到无处不在、无所不有的数学素材。

在幼儿园，每个班级都有一个大时钟：小班幼儿可以借助时钟认识颜色、形状；中班幼儿能认出时钟上的数字，比较表针的长短、粗细；大班幼儿则能在一日活动中感受到时间概念，如早上7：30到园、8：00早锻炼、12：00午睡等，还可以进行1分钟抢答、2分钟排椅子等游戏。幼儿回家后，可以让他们了解父母的上下班时间，让幼儿感受时钟与生活密切相关，从而使对认识时钟产生兴趣。

早上来园后，我们也可以和幼儿一起玩数学游戏。例如，请幼儿统计来园幼儿的数量（点数）；让幼儿将自己的毛巾、水杯放到相应数字的格子中（认识数字）……

户外活动时，可以引导幼儿发现教师的左右和他们的左右是不一样的；请幼儿像丹顶鹤一样单脚站立，看谁能坚持20秒钟（边唱数，边站立）；做集体舞时（两人手拉手），让他们感受到"一边多一，另一边就少一"的互补关系。

这一系列再平常不过的镜头，无不包含着丰富的数学信息。教师要明确材料是数学活动的载体，只有选择合适的、幼儿感兴趣的材料，并充分加以利用，才能激发幼儿的探索欲望，让孩子有所收获。

二、巧妙利用日常生活中的自然数学材料，为幼儿学习数学提供有效支持

陈鹤琴先生指出，大自然、大社会都是活教材。在现实生活之中，有许多幼儿熟悉的现成的生活材料，如饮料罐、果盘、树叶、报纸、碗、筷……都可用来引导幼儿探索魅力无穷的数学知识。在这里，幼儿尽其所能地去发展、去创造、去完善，他们的自主操作、主动活动得到了淋漓尽致地发挥。

用于分类的材料：生活中的插片玩具可以进行颜色、大小、形状的分类并能根据其特征进行有规律排序。秋天，老师带领幼儿来到幼儿园的院子里，这里到处是被秋风吹落的树叶，红的枫树叶、黄的银杏叶、柳树叶……幼儿将树叶捡回班后，可以先统计自己捡的树叶数量，然后分类，再统计每种树叶的个数。

大人的游戏材料：如扑克牌，幼儿可以根据花色、数字进行排序、接龙、比大小、加减运算等游戏；利用瓶瓶罐罐进行叠高、认识形体、辨别大小、比高低活动。

一物多玩的材料：如在中小班，我们会制作"给小动物喂食"的游戏材料，空的可乐瓶装饰成可爱的小动物并贴有数量或点子标记，上部挖一个开口做小动物的嘴巴，另备一只碗，碗中放若干数量的"豆豆"（串珠），幼儿根据数量的要求用勺子、筷子将"豆豆"喂给小动物吃。小班幼儿可以在练习使用小勺的基础上进行简单的点数练习，中班幼儿可以练习使用筷子及点数、计数。

同样是这样的瓶子也可以不做任何装饰，请幼儿用不同颜色的彩泥将瓶子用有规律的花纹进行装饰，装饰好后向其他小朋友介绍并将其进行展览。

在这种生活化材料的操作中，幼儿摆脱了正规数学活动中的任务压力，获得了一种更自然的心境，表现出了强烈的探索欲望，得到了无限的乐趣，在不知不觉中习得了数学经验。

三、创设并进入多元的数学游戏环境，帮助幼儿在生活实践中运用数学

陈鹤琴的理论提示我们要尊重幼儿的发展。"好玩"是幼儿的天性，做中学、生活中学、游戏中学是幼儿的学习特点。一名睿智的幼儿教师，应抓住幼儿的学习兴趣，激发幼儿对数学的兴趣，帮助幼儿在生活中的数学学习中获得成功的体验。

（一）创设丰富的生活环境，为幼儿的数学游戏积累素材

陈鹤琴先生指出，儿童应有良好的环境，包括自然环境和社会环境。环境是重要的教育资源，应通过环境的创设和利用，有效地促进幼儿的发展。幼儿有了丰富的生活环境，就会丰富生活经验，能够从中发现数学教育的趣味性。

在小班环境创设中，教师制作了"小鸡一家"的互动墙，在幼儿洗手、小便等过渡环节结束后，幼儿便会三三两两地在互动墙前说着"1只鸡妈妈在生蛋""1、2、3……有许多鸡宝宝啊""有1朵红花，许多黄花"等。在这么短的时间里，幼儿把班级环境作为了一个小话题，不仅得到了与同伴交流的机会，还练习了"1"和"许多"的知识。

幼儿的生活内容丰富了，思路也就开阔了，学习的热情也会有很大的提高，同时也能培养细致观察生活的能力。

（二）创设游戏化、趣味化的教育情境，使儿童在做一做、玩一玩的过程中学习数学。

陈鹤琴"活教育"思想原则第十三点写道，教学要游戏化。教师把教学游戏化，把枯燥无味的数学化为兴致勃勃的游戏活动，就可以在做游戏的过程中培养幼儿兴趣，提高学习效率。

浅谈如何让数学自然地渗透在幼儿一日生活中

在进行点数3、4、5的学习中,我们以给小兔过生日的游戏情境贯穿活动,带领幼儿发现通往小兔家有一条神奇的小路。这条小路是由3棵树、4条河、5块石头路组成的。教师带领幼儿一边走小路一边感受3、4、5,调动幼儿的积极性。到了小兔家后,幼儿送给小兔好吃的食物,并数一数自己手中食物的数量,应该放在小兔准备的有几个小标记的盘子里。在数食物、送食物的过程中,每名幼儿都亲身参与其中,通过动手操作,提高了学习效率。

(三)在游戏中尊重幼儿的个体差异,有针对地进行指导,赏识每一个孩子的成功

陈鹤琴先生说:"孩子是需要成功的。"教师在活动中要关注孩子,要学会赞赏孩子,会与孩子们共同分享快乐。在小班数学活动区中,教师给幼儿准备了"毛毛虫排队"的数学活动材料,材料上只画了毛毛虫的头,让幼儿将盘子里大、中、小三个圆形做毛毛虫的身体,按照从小到大或从大到小的顺序排列。

活动区开始了,当教师走到"毛毛虫排队"组的时候,发现有的幼儿很快就能明白给毛毛虫排列身体的方法。对于这些能力较强的幼儿,在他们排好后,可以鼓励他们将自己的方法和其他排好的小朋友说一说。面对不知如何下手的小朋友,教师会再次重申活动要求,并鼓励幼儿按照一种顺序先排,与其他幼儿一起完成。当遇到实在不明白的幼儿时,教师可出示画上大、中、小圆的毛毛虫身体的不同难度的材料,帮助幼儿发现所画的毛毛虫身体的规律,然后在幼儿给毛毛虫的身体做一一对应的过程中,鼓励他们说出排列方法。

幼儿都是喜欢别人称赞的,在幼儿掌握后,教师可摸摸他们的头,笑着竖起大拇指说:"你真棒,再试试自己来排吧,你能行的!"在给予肯定的同时,教师还要帮助幼儿树立信心,迎接新的挑战。这也推进了幼儿自我探索、自我学习的欲望。

日常生活是幼儿学习数学的重要阵地，作为教师要有一双善于观察和发现生活中数学的慧眼，利用一切可能的机会和条件，将数学自然地渗透到幼儿的一日生活中去，让他们在一次次的社会交往和互动中积累数学经验，引导幼儿去解决生活中相关的数学问题。

参考文献

[1] 吕静，周学平，刘国正，等.陈鹤琴教育论著选[M].北京：人民教育出版社，1994.

幼儿早期阅读行为习惯培养研究

陈 玲 *❶

摘要：随着现代人教育观念的不断更新，阅读不仅是成年人丰富其内涵的重要途径，也是幼儿认识世界的一种必要方式，阅读的重要性不言而喻。早期阅读越来越受到教育工作者和全社会的重视。人们都清楚地认识到要想使幼儿全面发展，必须培养幼儿的阅读习惯，增强阅读能力。3~6岁是幼儿阅读能力发展的关键期，在这段时期内培养幼儿良好的阅读习惯，可以为幼儿阅读能力的提高奠定良好的基础。通过对各班阅读习惯培养与家园合作促幼儿阅读能力的调研与实践，发现开展多种形式阅读活动，可使孩子们渐渐养成了好的阅读习惯，并使家长在阅读指导和陪伴阅读中感悟到阅读的重要性。

关键词：阅读习惯；家园合作；早期阅读

一、幼儿园如何培养幼儿的早期阅读习惯

早期阅读可以激发幼儿的学习动机和阅读兴趣，提高幼儿的语言能力。早期阅读也是幼儿认识世界、解释世界、融入社会和发展自我的一个重要过程。

（一）创设良好的阅读环境

一个光线充足、空间适宜、相对安静的阅读环境是幼儿非常需要的，可

---

* 作者简介：陈玲，北京市朝阳区松榆幼儿园，教师。

以把环境分成两个方面,一方面是物质环境,要给孩子提供一个放书的地方,使幼儿可以随时翻阅。这不仅有利于幼儿阅读习惯的养成,也有利于培养幼儿爱护书籍的好习惯。例如,幼儿园在此前提下,各班结合自己班的环境,创设出温馨又有自己班特色的阅读区角。另一方面是精神环境,允许摆放孩子们从家里带来的最喜爱的图书,开放的形式、空间,时时吸引着幼儿,也增进了幼儿之间的交流。久而久之,阅读活动成了幼儿每天必不可少的活动内容。大班在阅读中除了培养幼儿借阅图书的习惯,还设置了"阅读小明星"及"好书推荐"环节。在这种氛围中,幼儿自然养成了阅读的好习惯。作为教师,从幼儿开始接触图书的那一刻起,就应该耐心仔细地帮助他们建立良好的阅读习惯。结合《幼儿园教育指导纲要(试行)》理念,我们提倡:在互动中享受快乐,在快乐中学习阅读,在阅读中悄悄成长,让幼儿体验阅读的快乐。幼儿阅读兴趣的产生、发展是与幼儿园教师的引导、培养分不开的。

幼儿园增加早期阅读活动,主要是帮助幼儿获得有关书面语言知识,而不是要求他们获得书面语言本身,即掌握文字。因此,不必急着让幼儿识字,而是让他们知道一些有关文字的知识,知道如何学习阅读图书,为今后进入小学正规而系统地学习书面语言打好基础。

(二)培养幼儿阅读的习惯

1. 激发幼儿的阅读兴趣

幼儿的阅读主要是凭兴趣,他们的目光往往被自己感兴趣的画面所吸引。怎样才能激发起孩子的阅读兴趣呢?幼儿的情感感染性较强,从情感入手培养他们阅读的兴趣能获得较好的效果。要向幼儿讲解一些让他们喜闻乐见、易于理解的故事。教师应从幼儿身边熟悉的故事或幼儿感兴趣的点出发加以引导。

除了引导孩子阅读一些画面丰富的图书,班级教师还结合美术区鼓励幼儿用绘画的形式来自制图书,在阅读自己做的书这一过程中,他们的阅读能力及口语表达能力都能得到提高。早期阅读读的不是完全意义上的书，而是幼儿凭借色彩、图像、成人的语言及文字来理解读物的活动过程。早期阅读的意义也不在于理解书中的内容，而在于阅读的过程。这个过程能促进幼儿语言能力、思维能力和想象力的发展，促进幼儿良好的个性的形成，更重要的是培养幼儿良好的学习习惯。

2. 兴趣到习惯的转变

幼儿阅读光有兴趣还不够，还要将其内化成一种习惯。

幼儿的心理活动具有不稳定性，他们的兴趣是随意的、脆弱的且短暂的，应特别注意培养和强化。掌握一些正确的阅读技巧，并通过科学有效的途径，可帮助幼儿养成良好的习惯。

（1）爱护图书。让幼儿知道图书的制作是一项非常艰辛的过程，培养其爱书和护书的好习惯。

（2）阅读姿势。身体要坐直，书放平，不要离眼太近，这样可以预防眼病的发生。这对幼儿今后入学保持良好的阅读姿势起着决定性的作用。

（3）阅读的方法。阅读时，应翻开第一页，从左到右、从上到下来阅读。老师示范正确的阅读方法能给幼儿一个很好的直观展示。幼儿互相监督，这样更能帮助幼儿培养良好的阅读习惯。

培养良好的阅读能力，对幼儿来说受益匪浅。幼儿通过阅读不仅能学到大量知识，还可以为以后的入学阅读能力的提升打下良好的基础。为了提高幼儿的阅读水平，需要教师和家长的共同配合，让孩子自己去思考、去感觉、去模仿、去发挥，为幼儿提供这些活动，比刻板教孩子如何阅读更有意义。

例如，幼儿园结合早期阅读活动，利用多功能教室为全园幼儿设置专属图书馆。幼儿可以在图书馆中挑选自己喜欢看的图书，并鼓励家长进行亲子阅读。图书馆里的图书选购要符合幼儿的年龄特点，种类要丰富。这么多的图书，如果幼儿的阅读习惯不好，管理起来是非常困难的。这就需要教师提前培养好幼儿的阅读习惯。一段时间后，经过统计，老师们惊喜地发现幼儿的阅读量提升的同时，幼儿图书馆里无论是书的数量还是完整度都保持得非常好。

幼儿的思维以具体形象为主要特征。读物应以图为主，图文并茂，以帮助幼儿阅读活动逐步地完成从图画形象到文字符号的过渡。图书应以鲜艳画面吸引幼儿的注意，内容简单具体、生动有趣，以引起幼儿的兴趣。丰富多样的图书，使幼儿从中获得多方面的受益。可供幼儿阅读的图书琳琅满目，要针对幼儿年龄特点，选购一些可读性较强的图书。

二、家长如何培养幼儿的阅读习惯

幼儿各方面的发育还未成熟，其阅读活动往往带有较大的盲目性、随意性和依赖性，因此需要成人的正确引导。家长带领幼儿的阅读称为亲子阅读，其目的是为幼儿自主阅读打下良好的基础。

幼儿的言行大多来源于模仿，幼儿长期生活在一个阅读气氛的家庭里，久而久之会潜移默化地受家长的影响。利用节假日，家长可有意识地带幼儿到图书馆去，在那里可以充分地感受到浓厚的读书气氛。首都图书馆里面有专门为幼儿开设的幼儿图书借阅区，非常适合家长带自己的孩子前去阅读。

这个阶段的亲子阅读要有更多互动的成分，父母在讲故事的时候，要学会对孩子巧妙地提问，鼓励孩子向自己发问。通过阅读，不仅丰富了孩子对外界的认识，扩充了孩子的语言词汇，更重要的是在互动的过程中激发了孩子的思考能力及自己尝试回答问题的主动性。值得一提的是，对于孩子的回答，父母不必强求与书中故事的一致性。孩子可能会想出一个父母根本没有想过的答案，这个时候千万不要急于否定他："不对，刚才妈妈怎么讲的？爱吃萝卜的是小白兔呀！"或许在这种情况下，这样说会更好："妈妈倒没有想到小松鼠也爱吃萝卜，你怎么知道的呢？那刚才故事里说谁最爱吃萝卜呢？"既要尊重孩子的思考能力及想象力，也要有意识地去引导孩子有意注意的能力。阅读不是孩子学习常识的唯一途径，对于早期阅读而言，比起一丝不苟地回答问题来说，更重要的应该是培养阅读的兴趣与习惯。

这时候的父母，要多鼓励幼儿自己看书，最好能保持一定的时间（时间长短可根据幼儿年龄特点调整），能与父母主动交流阅读内容，能根据阅读的内容提出问题。父母还可以充当耐心的听众，听幼儿给自己讲故事，甚至可以鼓励幼儿根据阅读的内容自行组织、编撰新的故事。父母还可以和幼儿一起来阅读，相互分享阅读时的天伦之乐！

三、家园合作促进幼儿早期阅读的发展

从幼儿入园起，家园合作就是息息相关的话题。而开展亲子阅读活动更是为培养幼儿早期的阅读习惯奠定坚实的基础。

幼儿入园后开展了一系列的亲子图书主题活动。其中一项工作就是请家委会成员一起制订有关幼儿早期阅读的主题活动。经过一段时间的家园合作，家长对幼儿园开展的早期阅读活动有了一定的了解，在了解后，才能更好地使家园合作成为发展幼儿早期阅读的一种良好的方式。以下是经过一学期合作进行的调查问卷（封闭式问题）（见图1）。

园所活动反馈		大一		大二		中一		中二		中三		小一		小二		小三		合计	
	发放问卷数量	27		25		31		30		31		30		30		15			
1.您是否了解我园今年"世界读书日"的活动	A.知道	22	96%	24	100%	28	100%	28	100%	26	100%	22	100%	26	100%	14	93%	176	91%
	B.不知道	1	4%											3	10%	1	7%	4	2%
2.您是从哪些渠道了解到的？	A.阅读班级展板	17	74%	12	50%	12	43%	15	54%	16	62%	14	64%	10	34%	4	27%	96	50%
	B.班组博客	17	74%	13	54%	14	50%	19	68%	23	88%	14	64%	20	69%	15	100%	120	62%
	C.自制图书分享	20	87%	19	79%	17	61%	24	86%	22	85%	19	86%	20	69%	9	60%	141	73%
	D.孩子回家反馈	11	48%	14	58%	17	61%	13	46%	9	35%	10	45%	9	31%	5	33%	83	43%
	E.家长间交流	8	35%	7	29%	6	21%	5	18%	4	15%	2	9%	3	10%	3	20%	35	18%
3.通过幼儿园进行阅读习惯培养活动，本学期对孩子的阅读习惯培养的评价是	A.满意	19	83%	22	92%	22	79%	20	77%	17	77%	20	69%	11	73%			146	76%
	B.一般	4	17%	2	8%	2	7%	5	18%	6	23%	5	23%	8	28%	4	27%	32	17%
	C.不满意																		
	回收有效问卷数量	23		24		28		28		26		22		29		15			

图1　幼儿阅读调查问卷

此表是B市C区S幼儿园通过一学期的家园合作针对早期阅读方面做出的调研。问卷为不记名，真实有效。表格的百分比经过认真核实。经过家园合作，家长对幼儿园开展的世界读书日的主题活动了解率为91%，通过阅读班级展板了解率为50%，通过班级博客的了解率为62%，通过自制图书分享的了解率为73%，通过孩子回家反馈的了解率为43%，通过家长间交流的了解率为18%。通过幼儿园进行阅读习惯培养活动，本学期家长对自己孩子的阅读习惯培养的评价满意率为76%，一般为17%，不满意率为0，有7%为未收回的问卷，大部分家长对幼儿园开展的早期阅读活动持支持态度。此表表明，家长对幼儿园开展各项有关早期阅读活动的了解程度。

通过家园合作，我们发现班级制定的阅读目标经过一段时间的通力合作，幼儿基本上都完成得很好。关键是这种家园合作模式更有利于幼儿阅读习惯培养的一致性。此外，幼儿的阅读能力也有所发展。

经过一段时间对B市C区S幼儿园各班阅读习惯培养与家园合作促幼儿阅读能力的追踪调研，我们发现通过多种形式阅读活动的开展，幼儿逐渐养成良好的阅读习惯，家长也在阅读指导和陪伴阅读中感悟到了阅读的重要性，看到了成效。同时，这也为今后幼儿入学的阅读习惯打下坚实的基础。愿阅读成为幼儿今后成长的一种行为，一种习惯！

参考文献

[1] 张懿.略谈幼儿园培养幼儿早期阅读习惯的策略[J].课程教育研究，2017，23（31）：452.

[2] 李德晓.家园同步培养幼儿早期阅读兴趣初探[J].教育，2017（01）：7.

[3] 马丽.幼儿早期阅读兴趣与习惯的培养研究[J].科教导刊（下旬），2017（02）：148-149.

[4] 钟雨石.浅谈幼儿早期阅读兴趣与习惯的培养[A]."十三五"规划科研成果汇编（第六卷）[C].北京："十三五"规划科研管理办公室，2018.

[5] 张翼之.培养幼儿早期阅读的兴趣和习惯[J].读与写（教育教学刊），2018，15（06）：223.

[6] 姚锐.浅谈幼儿早期阅读兴趣与习惯的培养研究[J].课程教育研究，2018（38）：103.

充分发挥幼儿一日生活中过渡环节教育价值的实践研究

吴 超 *❶

摘要：过渡环节蕴含着独特的教育价值，针对过渡环节中的常见现象，我们从教师主导作用、幼儿主体性和组织策略三个方面开展实践探索，力求充分发挥过渡环节的教育价值，促使幼儿获得全面发展。

关键词：过渡环节；教育价值；教学实践

在幼儿一日生活中，过渡环节起着承上启下、调节幼儿身心节奏的作用，蕴含独特的教育价值。它的设计应在尊重幼儿兴趣和需要的基础上，与幼儿近期培养目标相衔接。针对过渡环节中常见的转换形式单一、内容与课程脱节现象，我们从教师起主导作用、幼儿主体性和组织策略三个方面进行实践探索，力求充分发挥过渡环节的教育价值，促进幼儿获得全面发展。

一、发挥教师主导作用，落实"一日活动皆课程"理念

过渡环节作为独立的活动应该得到足够的重视，但大部分教师存在快点"过渡"就可以进行下一个活动的认识，使过渡环节的教育价值没有得到发挥。

---

* 作者简介：吴超，北京市第三幼儿园，教师。

（一）对过渡环节的教育价值有深入认识

对幼儿来说，过渡环节不仅可以帮助幼儿自主学习知识、掌握基本技能、形成良好品德，过渡环节还可为幼儿提供释放心理能量的空间，有利于自主自律能力和健康人格的形成；对教师来说，过渡环节有利于教师进行现场思考和开展随机教育，提升教育智慧。因此，我们将过渡环节作为一种独特的教育资源加以充分利用，引导教师深入认识过渡环节对促进幼儿身心全面发展的作用，牢固树立"一日活动皆课程"的理念。

（二）过渡环节的组织实施有明确的目标

教师对过渡环节的组织实施有明确的目标，可以减少随意性和盲目性，使过渡环节发挥出真正的教育价值。引导教师关注幼儿一日生活各个活动之间的有机联系，使之成为一个教育整体。教师在组织、实施过渡环节前要以观察为前提，了解幼儿的兴趣和需求，准确把握幼儿发展现状并制订过渡环节的培养目标，依据培养目标开展过渡环节活动。

（三）将对过渡环节的预设纳入逐日教育计划中

除随机教育外，幼儿在园进行的各项活动均是由教师围绕幼儿发展目标设计后形成系统化方案的。但教师设计和实施逐日教育计划时，往往只注重教学活动设计和达成，忽视了对过渡环节的预设。引导教师将对过渡环节的预设纳入逐日教育计划中，依据一周教育目标和当日教育活动目标确定适宜的过渡环节内容，并关注组织形式的多样性和有效性，使"一日活动皆课程"的理念借助于对逐日教育计划的构思和运作，切实落实到幼儿一日活动中。

二、尊重幼儿主体性，满足其身心发展的需要

《幼儿园教育指导纲要（试行）》指出"保证幼儿每天有适当的自主选择

和自由活动时间"[1]。在过渡环节的组织过程中,教师要以"幼儿发展为本",尊重幼儿的主体性,让幼儿在自主活动中满足身心节奏转换的需要。

(一)自主设计

随着幼儿自主活动能力的提高,一日生活中过渡环节的次数、活动内容和顺序可以由幼儿自主设计。例如,教学活动与户外活动之间约20分钟时间,教师可以引导幼儿讨论"哪些事情是这段时间必须要做的(饮水、如厕)?哪些是可以选择做的(观赏小鱼、阅读图画书、与朋友聊天等)?必须要做的事情中哪些需要排队(如厕)?"在讨论中,幼儿知道必须做的事情一定要先做;需要排队做的事情要学会看各队人数多少来合理安排排队时间;必须做的事情做完了,如果有时间就去做选择做的事情。大班幼儿还可以在每周一的早晨,学习制订一周的过渡环节计划,尝试安排好本周自己在过渡环节中的活动内容,并和老师、同伴一起准备所需的材料,逐步提高计划能力和自我管理能力。自主设计使幼儿能根据自己的需要,有目的、有计划、有顺序地在过渡环节做事情,避免不必要的集体活动和时间的隐性浪费。

(二)自我管理

过渡环节是幼儿学习自我管理的重要时机。一方面,教师要依据幼儿年龄特点支持并鼓励幼儿做力所能及的事情,如自己插吸管、自己擦拭桌面上的水渍、用小拖布擦干洗手时卫生间地面滴落的水渍等,培养生活自理能力。另一方面,教师可以利用过渡环节宽松自由的氛围,引导幼儿制订过渡环节规则,使幼儿逐渐形成自律,真正实现过渡环节内在品质的提升。例如,去饮水机接水时总有小朋友争抢,幼儿在讨论中提出可以在饮水机前的地上画一条线,大家站在线后排队轮流接水。

（三）自选活动

中大班的幼儿已经具有一定的自我调节能力，他们更渴望有自由掌握的时间和空间。因此，在适当延长的过渡环节中，教师要为幼儿提供根据自己的兴趣和意愿选择活动的机会。幼儿可以拿着各种各样的工具去给植物浇水，观察、记录植物成长的过程；可以和好朋友说悄悄话；可以翻翻图画书；可以玩一会儿操作玩具；也可以坐在座位上发呆……自选活动为不同个性、兴趣的幼儿提供了空间，使他们有发展和展示的时间；同时，也使过渡环节少了一些刻意和制度化的安排。

三、优化组织策略，让过渡环节闪现教育价值

（一）过渡环节与各项活动相融合

在规范幼儿一日活动内容的同时，鼓励教师根据本班幼儿的年龄特点和需求，自行安排一日生活中各活动的次序和时长。例如，上午的区域游戏、集体活动、课间操和加餐（水果和酸奶）这四个连续的活动之间，有三个10~15分钟的过渡环节，允许中大班幼儿在集体活动和课间操前后自主安排洗手、喝水、加餐和如厕等事项。弱化或融合两个以上活动之间的界限，使之成为一个连续的活动，有利于教师从幼儿身心转化节奏的角度来灵活组织活动，体现幼儿在教育中的主体地位[2]。

（二）过渡环节与教学活动相结合

方式一是依据教学活动目标选择过渡环节的内容，如教学活动目标是发展幼儿动手能力，过渡环节就侧重幼儿的动手实践开展操作活动；方式二是将教学活动的难点分解一部分到过渡环节的内容中，如"我们的班级规则"活动前，教师在过渡环节引导幼儿了解生活中的各种标志，为教育活动开展

起到支持作用;方式三是及时捕捉幼儿在过渡环节中的共性问题,生成教育活动。例如,教师发现大部分幼儿在盥洗时有玩水的现象,随即开展水的科学探索活动,让幼儿了解水的特性、水资源的重要性,探索节约用水的方法,形成爱护水资源的意识。

(三)过渡环节与班级环境相整合

过渡环节中的生活内容每天会进行多次,创设互动墙饰可以避免教师重复提示,帮助幼儿养成习惯,并将良好的习惯变成幼儿的自觉行为。小班以游戏化墙饰为主,如幼儿每次饮水后给自己的小花插一张水滴形的图卡,离园前师生共同梳理今天喝了几杯水,帮助幼儿养成喝白开水的习惯;中大班师生共同讨论、制作物品摆放、洗手步骤、便后主动冲水等提示图,加深幼儿的印象,激发幼儿的积极性。

(四)过渡环节与学习特点相联系

教师需要针对幼儿的学习特点组织实施过渡环节。小班幼儿属于直觉行动思维,教师以游戏情境方式组织过渡环节,幼儿边玩边进行生活活动,会感到轻松、舒适,可达到放松心情的目的。中班幼儿能够关注到自身以外的同伴活动,过渡环节中教师鼓励同伴交往和学习,通过设立值日生、服务员角色发挥同伴互助作用。大班幼儿自我管理、自主活动能力提高,可以在过渡环节根据自己的需要进行活动,如完成未完成的作品、进行班级公共服务、参与教室环境创设等。

总而言之,幼儿园一日生活皆教育,教师要充分利用好过渡环节,根据不同幼儿的年龄特点、学习方式,巧妙设计过渡环节的内容和形式,充分发挥其教育价值,帮助幼儿养成良好的生活、学习习惯,促进幼儿全面、和谐、健康发展。

参考文献

[1] 教育部基础教育司.《幼儿园教育指导纲要(试行)》解读[M].南京:江苏教育出版社,2002.

[2] 秦晴,孙民从.幼儿园一日生活过渡环节的优化策略探析.儿童发展研究[J].2017(03).

浅谈如何用公园环境资源对幼儿进行科学教育

朱欣珏 *[1]

摘要：时代在不停地发展，幼儿园各种现代化设施越来越齐备，但是人与自然的联系却在减少，就如陈鹤琴先生所提出的"大自然、大社会都是活教材"，毕竟回归于自然，才是幼儿成长、学习和发展的最好途径。那么，在幼儿园教育领域，特别是科学教育领域，能否利用其周边的公园资源设计出既能学习科学知识又可以让幼儿亲近自然的课程呢？利用起公园资源有哪些好处？在实际中应该如何应用，又该注意哪些方面？对此，本文结合所在幼儿园的园本资料及带班实践的经验，浅谈如何利用公园环境资源对幼儿进行科学教育，希望对幼儿教师教育工作有一些新的启示。

关键词：公园资源；大班幼儿；科学教育；大自然大社会

一、利用公园环境资源对幼儿进行科学教育的意义

（一）幼儿园倡导的科学教育理念——来源于生活，运用于生活

"教育应当是生活本身，生活和经验是教育的灵魂，离开生活和经验就没有生长，也就没有教育。"《幼儿园教育指导纲要（试行）》[1]中指出，教师应重视在日常生活中进行随机的科学教育。例如，幼儿开始学习使用筷子的同时观察筷子在水中看起来为什么是弯曲的；观察春夏秋冬花草树木有哪

---

* 作者简介：朱欣珏，北京市第三幼儿园，教师。

些变化;身边的建筑物是由什么形状组成的等。观察筷子在水中弯曲的现象,收集不同树木的落叶制作粘贴画,在建筑角区模仿自己观察到的建筑物进行搭建这些都是来源于生活又运用于生活很好的例子,能够引发幼儿的好奇心和求知欲。教师并没有刻意去教太多的东西,只是在引导幼儿自己从生活中探索发现,然后自然而然地运用于生活中。

(二)公园环境资源在大班科学教育中的作用及意义

1. 培养幼儿对自然科学的兴趣

幼儿天生好动。春天,可以带幼儿观察植物的发芽生长、动物的复苏变化;夏天,可以带幼儿捉知了、捕蝴蝶;秋天,可以带幼儿观察叶子颜色的变化;冬天,可以带幼儿在白雪皑皑世界里堆雪人。在一年四季中的活动,使幼儿从中认识季节的明显特征,观察大自然的千变万化,引起孩子观察的兴趣和探索大自然奥秘的愿望。

2. 培养幼儿的注意力和观察力

公园相对于教室里的环境更为复杂,可以分散幼儿注意力的地方更多一些,正因为如此,可以好好训练幼儿的注意力。通过教师指导幼儿观察植物的大小形状颜色间的差别,分辨不同种类的花草树木,可以很好地锻炼幼儿的观察力,如分辨迎春和连翘。虽然两种植物十分相似,但观察后可以发现迎春的枝条是绿色的而连翘的枝条是棕色的。

3. 发展幼儿的想象力和创造力

老师带领幼儿探究云朵形成的过程中,坐在公园的草坪上仰望天空,让幼儿想象云朵的形状像什么,大胆地说出自己的想法。秋天带领幼儿了解树木的变化,再收集落叶松果等,制作拼贴画、风铃或者其他装饰物。这些活动都能充分地利用自然资源,发展幼儿的想象力和创造力。

4. 差异

利用积木及其他辅助材料进行搭建,一直是幼儿热衷的一项自然科学活动。搭建不仅能锻炼幼儿对建筑物的立体形状、大小和材质等方面的认识，还能培养幼儿模仿、想象和创造等能力。因此，搭建也经常作为课程出现在幼儿的日常教学中，以便更好地指导幼儿进行搭建。

那么可以利用公园的环境资源与无法利用公园环境资源，在搭建活动中有哪些差异呢？

（1）利用公园资源，可以让幼儿了解中国的古代建筑，而不是把搭建局限在现代建筑上，感受建筑不一样的美。

（2）中国古代建筑相对于现代建筑外形上更加复杂，可以使幼儿多动脑筋、想办法，找适合的积木形状或其他辅助材料进行搭建。

（3）在了解建筑结构的同时，还可以了解建筑在公园中所处的方位及建筑名称的意义和建筑用途，发展幼儿方位知觉及对中国古建筑文化的兴趣。

（4）观察完实物建筑后能够短时间内进行实践模仿，有助于幼儿脑中的景物重现和记忆的巩固。

（5）利用公园资源，幼儿不仅可以搭建中国古代建筑，在区域活动中还可以搭建现代建筑；而无法利用公园资源时，幼儿搭建的选择只限于现代建筑，如仅靠图片去搭建中国古代建筑，没有具体形象的实物观察，则较难实现。

二、利用公园环境资源对幼儿进行科学教育的途径

（一）利用公园的教育资源丰富园本的科学活动课程

1. 公园自然环境的应用

合理利用公园的自然环境，会使一些相对枯燥的科目变得更有趣，更适合幼儿的年龄特点。

2. 公园建筑设施的应用

公园环境资源不止体现在对自然环境的利用，人工的建筑环境，如亭子、墙壁、长廊和石桥等，都可以成为教育资源。

（二）公园环境资源在区角游戏中的应用

1. 科学区

科学区活动是幼儿园科学教育的重要形式，幼儿可以在科学区自由选择、操作和探索材料，从中获得科学经验。

2. 种植区

在幼儿园的环境教育中，美丽的种植区始终都是班级环境教育中重要的组成部分之一，因为它不仅具有绿化班级、美化环境的作用，同时还蕴涵着很大的科学教育价值。

3. 建筑区

班级里的建筑区，向来都是幼儿最喜爱最感兴趣的活动区之一，他们可以在这里创造设计搭建属于自己的车站和军事基地、城堡等。虽然这些是幼儿自己的想象创造，但是也都基于日常的生活经验。利用公园的建筑设施，可以更好地帮助幼儿拓宽思路，体验建筑的乐趣。

三、利用公园环境资源对幼儿进行科学教育的思考与建议

（一）对幼儿园大自然课程设计的建议

1. 建立大的课程观，充分挖掘教育资源

建立大的课程观，也就是在教师计划的教育活动以外，灵活随机地开展教育活动，不能够过于"直来直去"只达到预定的目标而错过随机教育的好机会。在大自然课程中，要随时观察幼儿在预设活动中产生的新的兴趣点。在有教育意义的情况下，要及时、灵活地开展教育活动，尊重幼儿想要学习探索的愿望。要把地理位置的优势充分发挥出来，尽可能地更广泛地利用公园资源，把表层知识深化提高到心理健康、精神道德等方面，使幼儿从公园资源中学到更多，得到更深层的发展。

2. 注重幼儿的主动参与，实现预设活动和生成活动的结合

在教育活动中，教师主要起引导辅助作用，幼儿才是整个活动的核心，是活动的主动参与者，要给予他们充分的重视。教师不可以在活动中要求幼儿只学计划内的知识而毫不涉及其他方面，因为大自然本来就是一个相对更为自由的学习环境，很多新鲜事物都会引起幼儿的好奇心和求知欲，那么教师就要灵活掌握活动内容，在完成预设活动的同时，也要更加重视生成活动，尊重幼儿的观察发现，避免打击了他们的好奇心和求知欲。

3. 注重引导家长参与到主题活动中来

教育不仅仅是在幼儿园中进行，要想幼儿更好地发展，家园合作是必不可少的。对于公园资源的利用，教师应与家长沟通，引导家长带幼儿在公园玩时，也要有教育意识。这样一来，幼儿在玩乐时，无意之间便将多方面的知识技能收入囊中，能力上也能得到进一步提高。

（二）运用公园资源发展幼儿科学能力的注意事项

1. 安全性

在一切活动中，幼儿的安全永远是第一位的。运用公园资源发展幼儿科学能力也是如此。当带领幼儿在公园中展开教育活动时，教师特别要注意幼儿的人身安全，不要在人员过于嘈杂、有危险设施的地方开展活动。在外出之前，教师要对幼儿提出活动要求，进行自我保护教育。

2. 随机性

运用公园资源发展幼儿科学能力，就应该以幼儿为主导，自主自愿地去观察探索发现，教师辅助引导幼儿灵活地开展教育活动，随时随地进行探索学习，避免错失良机。

3. 适宜性

公园资源对幼儿园教育教学虽然有很高的利用价值，值得我们去充分挖

掘，但是也应根据公园的资源，因地制宜，不能强行整合。要根据实际情况，结合教育指导纲要各领域目标进行资源的利用。

参考文献

[1] 教育部基础教育司.《幼儿园教育指导纲要（试行）》解读[M].南京:江苏教育出版社，2002.

利用园所周边自然资源，
开展大班科学探究活动的研究

郑 帼 *❶

摘要：我园地处中山公园，有得天独厚的自然资源和地理环境优势。孩子们在来、离园的路途中每天都能接触到公园中的花草植物，形成了与众不同的自然教育契机。本文将大班开展的很多探索性较强的活动作为依据支撑课题研究。孩子们在活动中引发了很多疑问和猜想：蚂蚁怎样搬家？通过气味还是触角？蚕宝宝是怎样变成飞蛾的？为什么壁虎要用断尾巴的方式保护自己？白皮松的树皮为什么会掉？是不是它长大了？树洞是怎样形成的？自然界的种种奇妙，会不由自主地吸引孩子们的关注、讨论与猜测。在教师的引领、支持下，孩子们主动亲近大自然去发现其中的奥秘，探究自然界间相互相生的关系，并萌发喜爱探索的热情。

关键词：自然资源；科学；探究；兴趣

一、利用周边环境资源激发幼儿科学探究兴趣

依据陈鹤琴大自然、大社会的教育理念，幼儿的探究活动来源于身边资源，引导孩子从关注大自然开始，激发他们的探究热情，培养幼儿从小善于观察、发现和分析问题的能力成为至关重要的一点。在选择大班幼儿的集体

---

* 作者简介：郑帼，北京市第三幼儿园，教师。

教育活动时,应将幼儿的年龄特点、兴趣点作为依据,深入挖掘自然资源中可以利用的教育价值选择活动。

例如,在科学探究活动"神奇的白皮松"中,教师发现幼儿常将公园中捡到的白皮松树皮捡回班与同伴分享。一开始只有一两名幼儿关注到了这棵树的与众不同,到后来全班幼儿都发现了这棵树并开始对白皮松产生了浓厚的探究兴趣。这时教师抓住了自然资源对孩子的教育契机,开展科学探究活动,让幼儿大胆猜想"为什么会脱皮""长出来的新皮是什么颜色""会不会流出汁液"等问题。经过探索和实践,孩子们将观察到的现象进行记录并引发新的问题。

二、利用多种方法促进幼儿科学探究能力的发展

(一)有效利用自然角激发幼儿的观察热情

开学初,孩子们带来了很多花和植物,有的喜阳、有的喜阴、有的需要多浇水、有的不用每天都浇水,因为师生共同缺少照顾植物的经验,有的植物出现了枯萎的情况。教师在恰当的时机引发孩子思考:如何才能拯救植物?孩子们进行大胆猜想,教师鼓励幼儿寻找正确的养殖方法。在最初猜想阶段,孩子们说植物除了放在土里,还可以放在水里、沙子里;再之后,进行了为期半个月的观察,发现植物唯独在土里能够成活,孩子们继续发现植物成活具备的条件:阳光、水、空气等。因为孩子有查询信息的相关经验,进而查询到养殖花草的正确方法。经过实验,几天后班中的几棵植物奇迹般地复活了,孩子们通过自己想出的办法解决了困难、获得了成功,都非常激动和高兴。

四月,正值养蚕季节,孩子们从家中带来了蚕宝宝进行养殖。每日的观察和清理蚕屎、喂食桑叶的过程,培养了孩子们的责任感,增强了幼儿的任务意识。每天区域活动时,都会有2~3名幼儿主动去给蚕宝宝清理蚕屎。养过

蚕宝宝的小朋友还在区域活动后分享养蚕心得和注意事项。当孩子们发现蚕宝宝出现异状后，第一时间进行了清理和保护。从蚕卵到蛾子的过程，孩子们每天观察、记录、分享和交流，促使自身获得全方位的发展和提升。

（二）有效利用主题环境支持幼儿操作行为

探索大班适宜的自然资源内容，如花、鸟、鱼、虫和树木等，并运用这些资源开展科学活动的要点和重点。教师会循序渐进地引导、支持幼儿在接触自然、生活事物和现象中积累有益的直接经验和感性认识。

环境创设的主体是孩子，孩子们最喜欢的才是最重要且值得深入挖掘的。在教育活动及生活过渡环节，我们和孩子们进行过多次且深入的讨论，了解到孩子们对中山公园的花、鸟、鱼、虫、树木十分感兴趣。在中山公园中，这些是孩子们最喜欢、最熟悉、最常见的，是他们最感兴趣的。

在幼儿的学习情境中通过猜想、观察和操作等方法引发问题，通过搜集资料、与同伴互助、询问大人等方式获得答案并进行分享呈现在主题墙上，记录幼儿成长过程。在活动之初，通过和孩子共同讨论"关于树和虫，你想知道什么"来了解到孩子关注的问题。我们将主题设计成为系列活动，体现活动与学习的轨迹。通过收集各种树皮、树叶、树枝等，来制作蝴蝶标本、虫子仿真模型，呈现能表达绿色家园、动物乐园意味的各种作品，锁定幼儿兴趣，满足幼儿的求知欲。

（三）有效利用身边的自然环境资源生成科学活动

当今社会，人们的精神生活日趋丰富，孩子也接触到更多新的生活设施、文化内容，他们有着各式各样的生活环境。这些与他们息息相关的新鲜事物，必然会引起他们的好奇和疑问。这些引发幼儿产生问题、观察问题的环境，有可充分利用教育元素。因此，我们应充分利用幼儿身边的环境资源，注意观察幼儿、捕捉教育契机，从幼儿的语言、行为状态中，从幼儿对环境关注的"点"中适时产生探索的主题。我们应将视线转向幼儿的生活，将幼儿的发展需要作为研究、选择教材的依据，促进幼儿的主动发展。例如，孩子们在种植活动中，挖土时发现了蚯蚓，立即提出了疑问："它在土里会不会被闷死""它没有脚怎么走路"等许多有趣的问题。教师将孩子们的问题记录下来，鼓励他们自己去寻找资料，于是，大班主题活动"蚯蚓"应运而生。

作为一名教师，应该时刻记住生活是环境、环境是载体、幼儿是主体。应该善于利用周围的生活环境，把生活还给幼儿。不论是感知体验还是操作实践，都应围绕生活的主题，利用幼儿身边的环境资源，从而真正突出幼儿的主体活动，激发幼儿在"生活环境"中主动探索的兴趣。

活动的创设一定是能使幼儿直接感知、亲身体验、实际操作又需要进行共性梳理后才能开展集体教育活动。

利用日常生活中的机会，教师经常带孩子一起在公园、假山、水榭中观察各种树与花、昆虫、动物等，丰富主题经验，以此满足幼儿的好奇心和求知欲。

这样的活动还有很多，幼儿园、公园里、马路边，只要目光所及之处，都可见树的踪影。它们千姿百态、色彩各异，在树的周围有不同花、鸟、鱼、虫等，这些都能带给孩子们不同的感受与体验，能够引发他们的探究欲望。大自然与人类的生活息息相关，大自然与人类相互依偎，彼此爱护，孩子们不由得感叹："大自然的本领真不小！"

三、利用家园互动促幼儿发展

家园共育是促进幼儿发展的必要条件，因此班中利用家园共育的桥梁，促幼儿在多方面发展。

（1）请家长和孩子在利用来、离园路上的机会，一起观察树，丰富孩子关于树的经验。

（2）和孩子一起收集各种关于树的资料，如图片、视频、照片等，为活动做好经验积累，共同布置主题环境或有效地进行教育活动。

（3）开展"走进中山公园"亲子游，让孩子体验绿色健康环境的美好，丰富幼儿对树形、树洞、树皮、树根、树轮的认识，寻找虫虫、查找虫子与人类的关系等。

（4）和孩子一起看关于生态和环保的科教片、纪录片，了解树与人类的关系，以及树在抵御自然灾害中的作用。

（5）和孩子一起寻找生活中的木制品，发现树木与人类的密切关系。

孩子们的家庭资源丰富多样，抓住契机，巧妙利用，为孩子们的科学探究活动增添不少乐趣，同样拓宽了知识面。

《3~6岁儿童学习与发展指南》中提出教育建议："支持幼儿在接触自然、生活事物和现象中积累有益的直接经验和感性认识。"

因此，在孩子们的生活中，我们要善于发现、善于捕捉，发掘更多的生活资源，将这些资源巧利用，将其运用到幼儿科学探究活动的开展中去。这样做除了能满足孩子的好奇好动，还能激发幼儿对生活中的千奇百怪现象的探索欲望，更好地培养幼儿的科学探究能力。

让对周围的事物充满着好奇的孩子们，在一次一次的探索过程中获得更大的乐趣，继而对科学探索欲望更加强烈；让更多的孩子成为科学的朋友。

在主题活动中促进幼儿自主发展
——"有趣的造纸"

刘　颖*[1]

摘要：本文介绍了教师通过以幼儿为主体开展的大班年龄段主题活动，激发幼儿探究兴趣，鼓励幼儿体验探究过程，发展初步的探究能力，增强责任感等，促进幼儿的自主发展。

关键词：主题；造纸；探索；自主

一、背景介绍

幼儿普遍对折纸、剪纸等纸艺美工感兴趣。于是，我们决定开展关于纸的主题活动。幼儿在家长的帮助下，查阅、搜集和"纸"相关的资料，分享讲述。在了解我国古代的四大发明之一的造纸术后，幼儿普遍对"造纸"兴趣浓厚。在区域活动中，教师鼓励幼儿尝试造纸，启发他们思考，鼓励、支持他们通过探索尝试验证自己的想法。围绕着"造纸"主题，我们进行了一系列有趣而深入的探索。

二、主题活动的建构思路

在幼儿的兴趣和需要、家园共育、大班幼儿发展目标这三方面基础上，我

---

* 作者简介：刘颖，北京市清华洁华幼儿园，二级教师，海淀区骨干教师。

们制订了主题教育目标。本主题以区域游戏为主,结合集体教育活动、家园共育、班级间互动等形式,以幼儿为活动主体,教师提供多种教育策略和环境、材料支持,引导幼儿感知和探索各种纸的特征、用途,体验造纸过程,激发幼儿动手动脑、自主发现和解决问题的能力。主题活动的建构思路见图1。

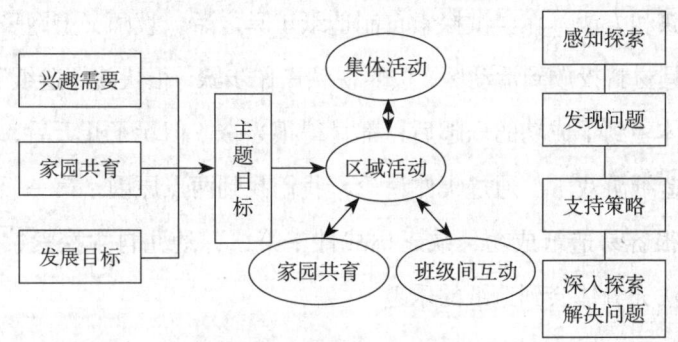

图1　主题活动的建构思路

三、主题活动开展过程

(一)第一阶段:经验、材料准备,初级尝试探索

1. 家园共育,发动家长资源,参与主题活动开展

(1)引导家长帮助幼儿查阅资料、搜寻材料工具。主题开展初期,教师在班级微信群中发出倡议,将主题计划发给家长,建议家长和幼儿一起通过多种途径查阅"纸"和"造纸术"的相关图片、图书等资料,让幼儿带来讲述分享。这为幼儿了解到与纸相关的内容、为主题开展奠定了经验基础。

(2)发掘家长资源,邀请家长志愿者开展相关活动。在造纸成功后,幼儿用造出来的宣纸画画,发现将水彩颜料画在这种纸上能晕染开。通过与家长沟通,教师了解到班里西西小朋友的爷爷是中国书法协会的会员,精通水墨画和书法。爷爷精心准备后,来班上为幼儿上了一节精彩的书画启蒙课。他从象形文字的演变讲起,又讲到文房四宝,再讲到毛笔的握笔,生动形象,最后还带幼儿写了毛笔字。幼儿通过这次活动，对象形文字、传统水墨画和书法兴趣浓厚。

2.区域游戏中造纸初体验

有幼儿提出，自己也想"造纸"。于是，教师和幼儿一起搜集关于造纸的相关步骤和方法。在尝试探索自制造纸工具之后，教师又上网采购了造纸的相关工具材料投放到活动区，按照视频操作步骤，很快就"造纸"成功了。

幼儿体验到了成功的乐趣后，都显得很兴奋。但玩了几天后，他们便很少再来玩造纸游戏了。通过集体讨论，我们找到两点原因：第一，用买来的现成材料很容易造纸成功，缺乏挑战性；第二，幼儿自主探索、思考的空间小，无法充分体会到造纸的乐趣。

（二）第二阶段：深入体验神奇、有趣的造纸游戏

1.尝试自制纸浆

（1）幼儿行为。区域游戏时，幼儿在用买来的现成纸浆造纸成功后，兴奋地讨论着。有幼儿说看着买来的纸浆就像是用卫生纸做的。教师鼓励他们去拿了一卷卫生纸、接了一盆水。把纸放进水里撕了一会儿后，西西小朋友说："撕了这么半天，还是有很多大块呀！"教师问他们："在古代造纸术里，造纸都有哪些环节呢？"西西想了想，说："有舂捣！"然然用找到的铁铲"舂捣"纸浆，说："我感觉像是剁肉馅。"教师："我在家做肉馅都用料理机，很省力……"西西想了想，笑着说："老师，我们可以用您的榨汁机榨纸浆吗？"教师拿出榨汁机，把纸浆倒进去，随着轰鸣声，纸浆在里面转起来。教师把榨好的纸浆倒出来，他们激动地欢呼："哇，成功啦！"

（2）教师反思及支持策略。教师的做法主要有以下两点。

第一，在幼儿自主探索的过程中，教师寻找适宜的时机引导，既不打扰幼儿，又能有效地支持探索行为。

在看到他们主动讨论买来的纸浆时，教师抓住这个探索点，鼓励他们尝

试自制纸浆。在制作纸浆的过程中，幼儿遇到了困难，在想办法后还是没有解决，他们就有了畏难情绪。这时需要教师的鼓励、支持才能继续坚持下去。

第二，迁移幼儿已有的经验，顺应幼儿思路，启发、鼓励他们进一步想办法解决困难。在尝试"撕纸造纸浆"失败后，教师启发他们回忆古代造纸术的步骤，进一步尝试。他们想到了"舂捣"，并寻找到不同的工具。在舂捣后依然没有成功时，他们又一次遇到困难了。教师顺着然然"剁肉馅"的想法进行了启发，最终他们想到了用榨汁机"榨纸浆"，并获得成功。

2. 造纸过程中发现、解决问题：纸浆放多少适合

（1）区域游戏时遇到的问题。幼儿在造纸区做好纸浆后，他们把纸浆倒进了抄纸用的大盆。嘟嘟小朋友拿了一个抄纸框抄了一下后，说："这纸浆太少了！"他们又做了更多纸浆并全部倒了进去。果果又抄了一下，发现抄的纸浆特别厚，原来这次纸浆又放多了。他们又倒入了很多水，才调好了适合的纸浆，成功抄纸（见图2）。嘟嘟擦着汗说："这纸浆一会儿少，一会儿多，到底多少才合适呀？"

图2　抄纸

（2）集体教育活动解决问题。为了解决纸浆制作过程中水和纸的比例问题，教师设计了一节集体教育活动。结合大班幼儿的年龄特点和发展目标，本次活动采取的是小组合作实验的方式，小组合作制订实验计划，并根据实际操作情况适当调整计划，最后尝试出合适的水纸比例。过程中，幼儿积极探索，通过亲身体验、动手操作进行尝试，较好地调动了幼儿学习和探索的主动性。

3. 拓展造纸：尝试不同材料造纸

在尝试了用卫生纸再造纸的活动后，幼儿又提出了用多种不同的材料造纸的想法，教师支持他们大胆尝试。在这个过程中，幼儿又有了很

多新的发现。他们尝试了用废旧报纸和绘画纸造纸，还在纸浆中加入水彩颜料造出彩色的纸。他们还想到用蔬菜、水果造纸浆。此外，他们还将纸浆用胶水涂在多种形状的模具上，晾干后制作了立体纸盒、纸碗、纸盘。

造出的纸越来越多，为了让活动更加有意义，教师组织幼儿进行了一次集体讨论活动——"我们造出的纸可以做什么？"幼儿想到了在美工区绘画、染纸、折纸；图书区自制绘本；开设"爱心纪念品店"，用造出的纸制作毕业纪念品等。

4.养成良好的常规习惯，增强合作意识和责任感

在造纸过程中，经常会有水洒在地板上。教师组织幼儿一起讨论：怎样避免把水洒出来？不小心洒水了怎么办？大家一起动脑筋想办法。主题开展过后，幼儿看到地上哪里有水了，就自觉去找海绵拖把把地拖干净，他们的责任感在潜移默化中得到了提高。

在本次主题过程中，很多游戏活动都需要幼儿间的互助与合作。在过程中，幼儿会有小冲突，教师鼓励他们尝试用友好的办法解决。慢慢地，幼儿在游戏中遇事能主动商量解决，更加懂得分享，也变得更加友好、礼貌和谦让。

（三）第三阶段：班级开设"造纸体验馆"，让其他班幼儿也体会到造纸的乐趣

在主题开展过一段时间后，很多幼儿都想把造纸游戏分享给其他班的好朋友。有的幼儿说想要画造纸秘方，他们把需要用的材料用手机拍照、打印出来，制作"大一班造纸秘方"海报和宣传视频。此外，还邀请其他班的幼儿来班级体验造纸的游戏，有平行班的大班幼儿，还有小班的弟弟妹妹。这样，我们的造纸游戏更加丰富多彩，也让其他班的幼儿也能共享造纸的乐趣。

四、小结

在本次主题活动的开展中,我们始终引导幼儿通过动手尝试,探索纸的多种玩法,让幼儿在自主探索中感知、体验和积累经验,进一步激发幼儿对周围事物的求知欲和创新能力。同时,在主题开展过程中,我们追随着幼儿的脚步,采取多种教育策略,推动他们进一步探索,将与纸有关的游戏价值最大化进行了挖掘,让幼儿获得了多方面的发展。

"前门胡同我的家"大班生活化课程的实践研究

刘 利　于景怡　李沐子 *[1]

摘要：我园地处"前门胡同文化保护区",借助人文景观丰富、建筑特色突出、生态环境独特的优势,挖掘其教育价值,构建贴近自然环境与社会生活的大班园本课程,实施主题为"前门胡同我的家"的单元活动,如"有趣的胡同门牌号码""四合院的学问""胡同里的便民店铺""胡同里的名人故居""常见动植物与我们的生活"等,促进活动内容与学习方式的变革,增进幼儿爱家乡、爱生活、爱科学的情感,增强对胡同文化的熏陶,为其终身学习与发展奠定基础。

关键词：前门胡同文化保护区；生活化课程

一、研究背景

前门地处北京市文化保护区,草厂十条南北走向的胡同历史悠久,人文底蕴浓厚。我园深处草厂九条胡同之中,近半数幼儿来自这片"文化保护区"的居民家庭,祖父辈是土生土长的胡同原住民。幼儿每天往来于胡同,如果对胡同文化一无所知,实在是件憾事。近几年,随着背街小巷整治、三里河水系建成,不仅恢复了前门历史风貌,保留了京味儿胡同特色,而且使胡同整洁优美,消除了安全隐患。为打造一所开放式的幼儿园,让胡同成为孩子

---

* 作者简介：刘利,北京市东城区前门幼儿园,科研主任；于景怡,北京市东城区前门幼儿园,教师；李沐子,北京市东城区前门幼儿园,教师。

"前门胡同我的家"大班生活化课程的实践研究

们探索世界与社会生活的乐园,加深对前门历史文化的了解,传承北京精神,我们在大班开展"前门胡同我的家"生活化课程的探索与实践。

二、核心概念的界定

前门胡同文化保护区:2009年,前门街道草厂地区被列入北京老城25片历史文化保护区之一。保护区西起草厂三条,东至草厂十条,北起西兴隆街,南至薛家湾胡同和南、北芦草园胡同。保护区共17条胡同,总长约3500延米。

"前门胡同我的家"生活化课程:指挖掘前门胡同人文历史和自然资源,构建既融入胡同生活场景又符合大班幼儿认知水平,以单元主题形式开展的具有现场感、可操作、多元化、综合性的系列活动。

三、构建"前门胡同我的家"生活化课程框架

设计为期一年八个单元的课程框架,以单元主题形式实施,实现陈鹤琴先生所倡导的"整个教学法""把幼稚园的课程打成一片,成为有系统的组织,促进幼儿全面和谐发展"[1]。

1. 第一单元——有趣的胡同门牌号码

远足《胡同门牌号》;科学《胡同门牌号排列规律》《1米有多长》《合抱大杨树》;歌曲《白杨树》;游戏《快递员送货》。

2. 第二单元——胡同常见植物与我们的生活

远足《胡同的秋天》;科学《葡萄藤与葫芦架》《石榴与海棠》;歌曲《大树桩》;手工《树叶标本》《剪葫芦》;区域游戏《悠惠万家菜店》。

3. 第三单元——四合院大门的美

远足《垂花门里欢乐多》;科学《不一样的门墩》《广亮门与如意门》《门

环与门簪》《屋顶的瓦》；绘本《铁门胡同》；区域游戏《搭建四合院》。

4. 第四单元——胡同里的便民店铺

远足《鲜鱼口大街》；绘本《北京的中轴线》；欣赏《北京情思大碗茶》《数来宝：老北京叫卖》；科学《胡同里的老物件》；区域游戏《便民主食厨房》。

5. 第五单元——胡同里的小动物

远足《三里河水系》；科学《小刺猬》《屋檐下的斑鸠窝》；水墨画《胡同里的猫》；剪纸《小金鱼》；自然角《孵小鸭》。

6. 第六单元——胡同里的名人故居

远足《北京会馆博物馆》《拜访吴越钱氏宗祠》；社会《科学家"三钱"的故事》；绘画《会馆写生》手工《火箭上天》；游戏《胡同小导游》。

7. 第七单元——井盖的学问

远足《井盖的秘密》；科学《胡同里的地下管线》；剪纸《井盖和铁箅子》绘画《井盖的联想》；区域游戏《铺设地下管线》《自制胡同游戏棋》。

8. 第八单元——"同仁堂"里趣事多

远足《北京同仁堂中医院》；科学《桑树妈妈和爸爸》《葡萄藤上捉虫》《白蜡树》；绘本《一寸虫》；语言《"车前草"名字的来历》；自然角《养蚕》。

四、"前门胡同我的家"生活化课程的实施

（一）挖掘自然资源，亲身阅历经验，拓展探究视野

观察是获得知识的基本方法，而精密观察则是开启真理宝藏的钥匙。陈鹤琴先生在"活教育"第十七条原则"精密观察"[2]中指出：由观察获得的知识是直接知识，亲身阅历的经验，印象最深刻。例如，幼儿在胡同中采摘毗邻的两株老桑树叶子时，发现了一个怪现象：一株枝繁叶茂，但是不结桑葚；一株硕果累累，但是叶片稀疏。其实，桑树是雌雄异株植物，这个后

继学习中才会接触到的生物学知识，幼儿已经敏锐地注意到了。孩子们分别给它们起名"桑树爸爸"和"桑树妈妈"。教师借此启发幼儿联想桑树也像幸福的家人一样，如果桑树爸爸被砍伐了，桑树妈妈也不再硕果累累。由此使幼儿感受到保护胡同微生态环境的重要性，也多了爱护花草树木的自觉意识。再如，个别幼儿分享养蚕失败的经历，得出可能是农药残留或桑叶过湿的原因，孩子们总结出每次喂蚕前，要把桑叶洗净、擦干的经验，最终才能养蚕成功。正如陈老所言"直接经验，自己思想，是学习中唯一的门径"[3]。

（二）创造物质条件，培养任务意识，提升学习品质

寓教育于生活和游戏中，善于发现幼儿感兴趣的事物、游戏和偶发事件中所蕴含的教育价值，这当是幼儿园课程的最高境界，更是唤起幼儿专注、坚持、不怕困难、不断探索等学习品质的最佳途径。例如，参观胡同里的"便民主食厨房"后，孩子们就把"主食厨房"开进游戏区。把扑克牌当货币，售卖的餐点和标价都仿照胡同里的那间。厨工用超轻黏土制作油饼、油条、糖三角，服务员负责包装打包，收银员负责计算订单价格，送餐员负责送餐及收款，食客拿到餐点核对实物和价格后付账。幼儿置身在角色中，玩得不亦乐乎！他们的理解、记忆、操作、交往、计算和书写等综合能力明显增强。再如，远足三里河水系时看到野鸭，孩子们萌生了孵鸭子的愿望，教师便买来种蛋和孵化器，并对孵化过程提供必要的指导。于是，从认领鸭蛋，到观察孵化箱的温度和湿度变化，翻蛋器工作情况，添水、开盖降温等环节，都由幼儿排班轮流照顾，直到小鸭破壳而出。在孵化的过程中，孩子们全身心地投入，得到了有价值的结果，感受到了生命的神奇。

（三）挖掘人文资源，丰富内心感受，表达爱的情感

陈鹤琴先生强调"做人"教育，培养孩子从小树立鲲鹏之志，具有"世

界的眼光和服务的精神"。为此，我们借人文资源的发掘，提升幼儿认知的深度，使其获得内心的觉悟。例如，"吴越钱氏宗祠"是幼儿每天来离园必经的一处文物景点。在给孩子们讲述了"钱氏家族"三位科学家献身国防事业的事迹后，他们对科学家肃然起敬。此后，他们不仅热衷做科学小实验，而且每当经过"钱氏宗祠"时，都会自觉地轻声低语，显得格外懂事。又如，孩子们在实地观察了胡同里井盖的不同功能和用途后，对地下管线产生了浓厚的兴趣，自发地为搭建好的"明城墙遗址公园""前门步行街"铺设地下管线。面对稍不留神就坍塌的建筑，感受到了"施工"的艰难，理解了工人叔叔的辛苦，也在失败中总结出了做事要先计划、按步骤进行的经验，体会到了团结协作的重要性。

五、研究结论

课程的开发与实践，为幼儿打开了一扇走进胡同文化的大门，使胡同中那些看似平凡的一草一木、一砖一瓦，都变成了孩子们不断发现的场所、学习与探究的乐园。这些课程不仅滋养了幼儿的学习品质、丰富了多元表达，而且使他们学会了感受周边生活的美好，也有助于帮助孩子们塑造健康人格，从小树立文化自信。

孩子们的进步，更使我们坚定了胡同生活才是幼儿最自然真实的课堂。选择生活中富有价值的内容并将其纳入幼儿园的课程当中，这样的教育才更加贴切、自然，富有生命力。正如陈老所言："让儿童与环境有充分的接触。儿童所接触的环境和社会愈广，所得的知识愈丰富，能力的发展也愈充分。"

六、思考与建议

针对课程研发，应遵循"设计—实践—反思—修整—再实践"的课程建构模式，做动态调整、逐步完善。在一个单元活动结束后，大家坐下来及时讨论与反思，并为下一单元拟出至少一套备选方案，以便顺应幼儿的兴趣和需要，促进幼儿主动学习和发展。正如陈鹤琴先生所言："儿童的世界是儿童自己去探讨、去发现的，他自己所求来的知识才是真知识，他自己所发现的世界才是他的真世界。"[4]

参考文献

[1] 南京师范大学.江苏省陈鹤琴教育思想研究会.纪念陈鹤琴先生100周年诞辰：陈鹤琴教育思想研究文集[M].北京：人民教育出版社，1992，2：40-42.

[2] 陈秀云，柯小卫.活教育[M].南京：南京师范大学出版社，2012，4：63-65.

[3] 陈秀云，柯小卫.活教育[M].南京：南京师范大学出版社，2012，4：4-5.

[4] 柯小卫.陈鹤琴传[M].南京：江苏教育出版社，2008，4：311.

培养幼儿爱国尚礼教育指导策略的研究

郝海鸥　杨丽丽　冯月仙　于景怡*[1]

摘要："活教育理论"是陈鹤琴教育思想的核心，教育目的是"做人，做中国人，做现代中国人"。在全社会共建和谐社会的今天，爱国尚礼教育已成为精神文明建设的重要一环进入幼儿园。由于幼儿正处在具体形象思维阶段，对许多抽象概念难以理解，但是对鲜明的形象印象深刻。因此，在幼儿时期对其进行爱国尚礼教育，使抽象的概念具体化，就很容易培养幼儿的社会情感和认知，并对其今后的人生思想道德情感教育阶段具有重要的意义和作用。

关键词：活教育；做中国人；爱国尚礼

"活教育理论"是陈鹤琴教育思想的核心，直至今日，依旧是我们教育路上的一盏明灯。陈鹤琴先生认为，活教育的目的就是"做人，做中国人，做现代中国人"[1]。习近平总书记曾提过"爱国三问"："你是中国人吗？你爱中国吗？你愿意中国好吗？"并强调"让爱国主义精神在学生心中牢牢扎根，要在厚植爱国主义情怀上下功夫，要教育引导学生热爱和拥护中国共产党，立志听党话、跟党走，立志扎根人民、奉献国家"。

---

* 作者简介：郝海鸥，北京市东城区前门幼儿园，干部教师；杨丽丽，北京市东城区前门幼儿园，干部教师；冯月仙，北京市东城区前门幼儿园，干部教师；于景怡，北京市东城区前门幼儿园，干部教师。

一、爱国尚礼教育从幼儿园阶段夯实

在全社会共建和谐社会的今天,爱国尚礼教育已成为精神文明建设的重要一环进入幼儿园。

幼儿阶段的爱国尚礼教育其实就是做人教育和社会性教育。幼儿正处在具体形象思维阶段,对许多抽象概念难以理解,但是对鲜明的形象印象深刻。因此,在幼儿时期进行爱国尚礼教育,使抽象的概念具体化,就很容易培养其社会情感和认知,对今后的人生思想道德情感教育阶段具有重要的意义和作用。

二、爱国尚礼教育从幼儿园一日生活中渗透

陈鹤琴先生说过,教育一个人是要从小就注意起的,目的就是要学生知道做人是挺难的,一定要从小就加以训练,养成种种优良的习惯和态度,到青年的时候,自然可以减少许多问题。因此,我们要从小,从一点一滴做起,让爱国尚礼教育渗透在幼儿一日生活的各个环节当中。"爱国"要从幼儿入园第一天就抓起,我园制定并实施了以下三项规定:

一是制定"前门娃升旗公约",在升旗仪式前由教师带领幼儿集体朗诵;(见图1)

二是每天7:50幼儿晨练后举行校园升旗仪式,升旗手由大班幼儿担任;

三是各班轮流承担"国旗下的故事"主题的组织活动,全体教职工和幼儿共同出席。

图1　前门娃升旗公约

三、爱国尚礼教育从"国旗下的故事"开始，激发幼儿的向善之心

陈鹤琴教育原则中道你要儿童怎样做，就应当教儿童怎样学。你要儿童说话说得得体，做人做得好，你要他处事接物都很得当，你就一定要使他在适当的环境之内得到相应的学习。依据陈老先生的教育原则，全园上下共同筹划，设计内容丰富、形式多样的系列主题教育活动，帮助孩子从小树立爱国情怀，让民族自豪感植入于心。我们也更是将"国旗下的故事"这样的主题教育活动（见图2），看作磨炼幼儿意志品质、增强仪式感、增进师幼情、发挥家园共育作用的大好时机。

图2　国旗下的故事

（一）礼仪小天使

大班幼儿承担每天早上来园迎接小朋友的工作，孩子们把这项工作看得非常重要，提前排好表，每人都有轮值机会，家长督促孩子早来园服务大家。

（二）设置升旗手"自我介绍"环节

升旗手是孩子们投票选出来的心目中"优秀的同伴"。这个活动对大班孩子来说十分有意义，他们开始关注自己在集体中的形象，通过外力转化成自我约束的内力，这样的活动让孩子知道能当国旗手是一件非常光荣的事。

（三）设置"园长妈妈对我说"环节

陈鹤琴先生十七条教学原则中的第五条讲，积极的鼓励胜于消极的制

裁。诚然,这种心理是每个人都有的。所以,在每次升旗仪式上,园长妈妈都会利用这个机会表扬、鼓励表现突出的孩子,不失时机地宣扬身边的儿童榜样——小朋友的好人好事。例如,当小朋友参加完活动忘记摆好小椅子时,自觉地将椅子一把把摞起来的小姐姐(见图3)。

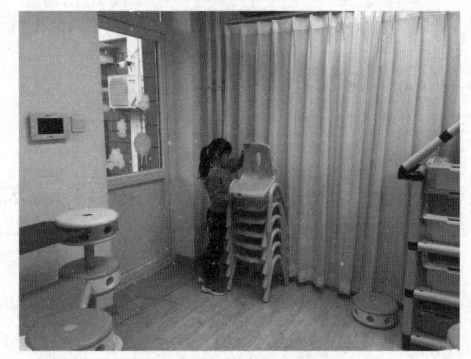

图3 主动摞椅子

这样孩子们就知道什么是"文明有礼",怎样做是正确的。

(四)特殊时间的特殊活动

我们还根据特殊节日设计不同内容的活动。

例如,在升旗仪式上展示家园配合排演的小节目,指导孩子们排演具有地域风情的小节目,数来宝"玲珑塔""老北京叫卖",还有民族水袖"惊鸿舞"等。

结合开学第一课,聘请军人展示升旗风采(见图4),让孩子们更加直观地感受"升旗"的庄严,解放军叔叔整齐的动作、洪亮的口号、一丝不苟的态度和他们对国旗的热爱。这对孩子们来说,都是一种震撼,让他们体会到了庄严的仪式感。

图4 升旗风采

(五)聘请家长观摩周一的升旗仪式

我们会定期邀请家长来观摩幼儿园的升旗仪式活动,并请家长代表发言、参与表演等；家长们备受感动，他们自觉自愿地作幼儿园忠实的宣传者，对幼儿园的教育口口相传。

四、爱国尚礼教育从顶层设计争做"礼仪之星"活动，激发幼儿的向礼之心

（一）营造良好的文明环境氛围

结合"礼仪之星"主题活动，师幼一起以图文并茂的形式布置校园和班级环境，营造氛围，让孩子们真正将文明落实到自己的行动中。对于在文明礼仪方面做得好的小朋友，会及时奖励一颗"礼仪之星"。孩子们的积极性被调动起来，处处以"文明礼仪在我行动中"要求自己，争做"礼仪之星"，班规和常规有了很大改善。

（二）通过主题活动培养幼儿的文明礼仪行为

寓文明礼仪教育于游戏活动中。陈鹤琴先生明确提出游戏对儿童发展的意义，他指出："游戏也是儿童生来就喜欢的。"正是由于游戏在幼儿生活中的重大作用，老师们还通过游戏过程中的角色扮演，实现文明礼仪的教育目的。如通过《熊猫的客人》等角色游戏，让幼儿感受到礼貌待人的好处；通过《今天我值日》等歌曲表演，使幼儿懂得与同伴、长辈交往的一般礼仪；通过《小羊过桥》等讲故事活动，使幼儿懂得同伴之间要互相谦让、分享快乐，要关心他人等。

（三）将文明礼貌教育融于生活中

文明礼仪教育的过程是一个认识和实践的过程。幼儿年龄小，做事缺乏持久性，为使文明礼仪教育成果转化为幼儿自觉的行为，家园之间必须密切

配合，把文明礼仪教育贯穿于幼儿日常生活的各个环节，并注重教育的一贯性和一致性。如洗手时，引导孩子排队等候，等到前面第一个小朋友洗完了第二个再去洗，改变了洗手时混乱的局面（见图5）。就这样在日常生活点滴中去教育孩子作一个文明有礼仪的人。

图5　排队洗手

五、践行爱国尚礼教育在我园初见成效

爱国尚礼教育对孩子的心灵成长非常重要，他们的变化让我们甚感欣慰。首先，是生活方面，如注意个人卫生；会正确使用"请""谢谢"等礼貌用语，见到长辈也会主动问好。其次，是学习活动方面，逐渐学会倾听，不随便打断别人说话等。最后，在早上升旗仪式时，孩子们从一开始站不住、左右晃，到现在不仅能立正站好行注目礼，还能大声地跟唱国歌。在这个过程中，老师和家长起到了很好的榜样作用，使孩子们的意志品质得到了锻炼。孩子们认真的表情、有礼的动作和规范的礼貌用语成了幼儿园的一道亮丽的风景线。

小小的活动、大大的情怀，庄重的仪式、满满的收获。总之，爱国尚礼教育蕴藏于幼儿生活的方方面面和幼儿学习的时时刻刻。作为新时代的幼教人，培养出具有民族精神、爱国主义情怀的新一代接班人，是我们的责任，更是我们的使命。让教育春风化雨、润物无声地深入孩子心中，是永恒不变的主题。

参考文献

[1] 陈鹤琴. 活教育[M]. 南京：南京师范大学出版社，2012.

基于陈鹤琴教育思想下的幼儿园实践研究

李丽丽 *❶

摘要：陈鹤琴先生在《家庭教育》中提出了十一个具有深远意义的儿童教育原则，给人以深深的启迪。在本文中，笔者以班中饲养六角龙鱼为契机，运用陈鹤琴先生的儿童道德教育思想，坚持"立德树人"与"教改创新"，创造性地引导幼儿进行道德与生命教育，从理念及方法上实践陈鹤琴先生的儿童观与儿童教育观，期望达到陈鹤琴先生"活教育"的境界。

关键词：陈鹤琴；道德教育；活教育

著名的教育家陈鹤琴先生一生中的教育思想十分丰富，他潜心撰写的《家庭教育》等教育典籍在今天看来仍然散发着智慧的光芒，是我国教育史上的宝贵财富，是年轻教师与家长的必备书目，是我们陪伴、教育幼儿的指南，更是我们研究幼儿的理论典籍。因此，应坚持运用陈鹤琴先生的"活教育"理念，在幼儿园班级中抓住生命教育的契机，结合家园共育，创造性地引导幼儿进行道德与生命教育。

一、为儿童选择积极的环境——你好，鱼宝宝

陈鹤琴先生认为的"活教材"是指"社会与自然的直接的书"，即儿童

---

* 作者简介：李丽丽，北京市西城区棉花胡同幼儿园，一级教师，西城区骨干教师，研究方向为幼儿园中的生命与道德教育。

在与自然、社会的直接感知中，通过亲自观察进而获得的知识和经验。它主要表现在两个方面：一是要活用书，二是不要固定将几本书作为一门学科的教材，而要"利用生活中的机会，随机教学"。在这次活动中，我们重视孩子们感兴趣的"活教材"，为孩子创造一个宽松的环境，让每个孩子都有机会亲自观察，并鼓励他们大胆提出问题、发表不同想法，学会尊重别人的观点和意见。

新学期开始，班里迎来了新的好朋友六角龙鱼，孩子们见到以后，都特别高兴并对龙鱼充满了好奇。五六个小朋友分成一组，蹲在地上认真地观察着六角龙鱼（见图1），然后你一言我一语地说："六角龙鱼和我们平时见到的鱼一点儿也不一样。它浑身光秃秃的，没有鱼鳞。脑袋大大的，两个眼睛像小黑豆子似的长在头顶。有六个小犄角，还有四条腿和前爪，大大的尾巴，真的很像小龙。"然后，孩子们还提出了很多有意思的问题。琪琪小朋友问："六角龙鱼生气的时候是什么样

图1　观察六角龙角

子呢？"早早小朋友说："六角龙鱼吃什么呢？"豆豆小朋友又说："怎么看龙鱼宝宝是男孩还是女孩呢？"

我们给孩子们创造了一个宽松、积极的环境氛围，并继续追随孩子的脚步，将"立德树人"的思想理念内化于心、外化于行，和孩子们一起照顾六角龙鱼宝宝。在和龙鱼宝宝朝夕相处中，孩子们慢慢地懂得了关注生命，并理解生命的意义，由内唤起对生命的热爱，进而树立起了正确的世界观、价值观和人生观。

二、让孩子学会如何对待遭遇——我们一起认识"死亡"

陈鹤琴先生提出过一个原则：让孩子学会如何对待不同的遭遇。班中的一条小鱼死了，我们在想，要不要把这个消息告诉给孩子们，因为在成人的眼中死亡是个很沉重的话题，是让成人都感到有点儿不安的事情，很多人不希望孩子面对，因此我们第一反应是"害怕"孩子接受不了，想通过"眼不见""口不提"的方式回避，比如说"把两条鱼宝宝送到别的班了"，让孩子尽快忘掉这件事情。但是，转念一想，在孩子的一生中，无法逃避面对"死亡"这件事，总要感受失去和分离的悲伤，学会面对这样的经历是成长过程中的重要一课。因此，与其让孩子在长大后不能正确地面对失去，还不如借此机会帮助孩子学会如何面对无法改变的失去，学会排解悲伤，学会珍重感情，学会珍惜生命。因此，我们和孩子一起面对死去的龙鱼宝宝，让孩子说出自己的心理感受，商量怎么处理死去的龙鱼宝宝；然后，再讨论龙鱼宝宝为什么会死，怎么照顾龙鱼宝宝。

（一）再见，龙鱼宝宝

孩子们在知道龙鱼宝宝死的消息后都感到特别惊讶，并表现出明显难过的心情，还有几个女孩子流下了眼泪，引导孩子们一起说出自己的感受，以及自己想为去世的鱼宝宝做点儿什么。孩子们讨论后的结果：想给死去的龙鱼宝宝埋起来，办一个葬礼，并给它的上面放上两朵小花，像去世的人一样，以后想它时，还可以去看看它，告诉它们我们会想念它们的。于是，我们在户外的时候，把鱼宝宝埋在了花坛里，跟它进行

图2　龙鱼宝宝告别仪式

了一个郑重的告别（见图2）。在活动中，孩子们理解了小动物埋在土地里后，会腐烂，会成为泥土中其他小生物的食物，变成它们身体的一部分；还会被其他小花、小草吸收，花草会因它开得更美丽、旺盛。小动物虽然死了，但是它会借以其他生物的生命形式继续活在这个世界上。

（二）孩子们对龙鱼宝宝的新思考

孩子们自发开始了丰富的讨论：龙鱼宝宝为什么会死？如何照顾龙鱼宝宝才能让它快乐地活着？

早早小朋友说："龙鱼宝宝可能怕晒，也怕冷。"豆豆说："可能因为水太浑浊了。"琪琪说："我们一直没有喂它，所以龙鱼宝宝可能很饿，是饿死的。"辰辰说："可能龙鱼宝宝生活的地方太小了，不开心，然后死了。"

以此为契机，教师引导孩子明白龙鱼宝宝的出生和死亡都是很正常的自然现象，虽然不能让死去的鱼宝活过来，但是可以思考以后怎么办。教师和孩子共同记录下来问题，并和孩子一起上网查阅资料，向有经验的人请教。孩子也和爸爸妈妈去花鸟鱼虫市场询问卖鱼的人，如何照顾龙鱼宝宝。

最后，大家约定：①不要每天都要给龙鱼宝宝换水；②每天喂龙鱼宝宝食物；③一周给龙鱼宝宝换一次水，保持水质干净；④给龙鱼宝宝换个大鱼缸，让它们像回到大自然、回到家中一样舒适。

三、践行"活教育"的方法论做中教，做中学——我们给小鱼安个家

随着小鱼慢慢长大，孩子们在观察中热烈讨论。豆豆小朋友说："小鱼长大了，都不游了！"淳淳回答："是呀，它的尾巴蜷缩着，伸展不开！"沫沫："我觉得它不快乐了！我们能不能给小鱼换个鱼缸呀，让它还能够游起来。"旁边的教师听到孩子们的自发讨论，不由得为她们的仔细观察和换位思考感

到欣慰，在记录下孩子的问题后，又开展了"小鱼的家是什么样子的？"的讨论。

如同陈鹤琴先生的教育观念，孩子的生长环境主要在家庭，社会性交往对象主要是父母和亲人，他们奠定了孩子一生的基础。为孩子的终身教育开好头至关重要，家庭教育起着"万丈高楼平地起"的重要作用。于是，教师鼓励孩子们回家和爸爸妈妈一起查阅六角龙鱼的自然生活环境，溪溪小朋友为小朋友们带来了介绍："六角龙鱼生长在阿拉斯加和墨西哥高原有淤泥的自然河道、湖泊中，六角龙鱼喜欢游动，因此需要45厘米以上的生存空间，但它生性害羞，喜欢躲躲藏藏地玩耍。"因此，孩子们寻求教师、家长们的帮助，为龙鱼制作了模拟自然生活环境的家。这样做的目的不仅提高了活动的科学性，还激发了孩子们对自然生命的思考与尊重。

四、不同领域中的"活教育"——我们和六角龙鱼

我们追随幼儿的兴趣与需要，在一日生活中，不断地将道德教育和生命教育相结合，在健康领域，和幼儿一起认识生命、了解身体的基础知识，进而学会保护自己和珍爱所有的生命体。在语言领域中，通过进行文学作品欣赏，和幼儿一起感受作品中人物的生命情感，感受生命的脆弱、敏感、顽强和美好，逐渐形成对生命的尊重、欣赏、怜悯、敬畏和热爱等生命情感；在科学领域中，进行相应的生命科学常识教育，引导幼儿关注周围的生活环境，亲近大自然，珍爱生命体，保护自然生态环境；在社会领域中，学会关注和调和与周围人的关系，尤其是在幼儿园中学会如何与其他小朋友相处，懂得尊重和关爱其他小朋友。

作为幼儿园教师，要坚持"立德树人"与"教改创新"，创造性地引导幼儿进行道德与生命教育。在此篇案例中，我们追随孩子的脚步，和孩子们一起照顾六角龙鱼宝宝，在不断地朝夕相处中，引导孩子慢慢懂得了关注生

命，理解生命的意义，由内唤起对生命的热爱，进而初步懂得了爱自己、爱他人，树立了正确的世界观、价值观和人生观。

　　由于个人学识和经验的局限，教师很难完全按照陈鹤琴先生的思想及《家庭教育》的原则对儿童进行教育，但是我们愿继续追随陈鹤琴先生的儿童道德教育思想与教育原则，与实际工作相结合，向陈鹤琴先生学习——我们都是陈鹤琴的学生，我们都和陈鹤琴一样爱孩子。

参考文献

[1] 北京市教育科学研究所.陈鹤琴全集（第二卷）[M].南京：江苏教育出版社，1989：709，711.

[2] 北京市教育科学研究所.陈鹤琴教育文集[C].北京：北京出版社，1983：743.

[3] 陈鹤琴.家庭教育[M].武汉：长江文艺出版社，2013.

[4] 张翠芹.陈鹤琴的"活教育"思想及其对当今幼儿教育的启示[D].南京:南京师范大学，2007.

[5] 郭晓轩.我国幼儿园生命教育初探[J].现代教育科学，2011（01）：64-66.

[6] 余继红.幼儿园生命教育主题实践活动初探[J].小作家选刊，2014（02）：438.

[7] 祁力红.幼儿园生命教育的思考与实践[J].教育导刊，2012（08）：24-26.

借鉴陈鹤琴"活教育"的思想
培养幼儿"服务能力"的应用研究

申玉荣　胡琳琳 *[1]

摘要："服务"作为一种重要的亲社会行为和态度在儿童早期就已经出现，并且是在幼儿年龄特征允许的范围内可以有计划、有意识地加以训练和培养的。因此，儿童需要具有"服务的能力"。此课题研究对以往课题经验、成果加以验证和应用，使幼儿从情感、认识到行为上统一，为形成具有稳定特质的品质打下了坚实的基础。幼儿学会从服务自我到服务周围、服务社会，为将来的生存和社会和谐氛围的形成奠定基础。此外，通过研究过程中引导家庭的积极参与，提高家庭的育儿水平，促使家长的育儿思想、方式朝着更符合人的发展需要方向发展。

关键词：幼儿；服务能力；亲社会

一、研究的意义

《中国教育改革和发展纲要》明确指出：要全面提高学生的思想品德、科学文化、劳动技能和身心健康。素质教育要求教育者用符合教育规律的教育措施对新一代的素质按现代化社会的需要实现开发、完善、提高和再创造。从出生至六七岁是幼儿是身心发展的最初阶段，也是个体发展各种素质结构

---

* 作者简介：申玉荣，北京东城区光明幼儿园，书记；胡琳琳，北京东城区光明幼儿园，保教主任。

的奠基阶段。学龄前儿童所形成的素质具有基础性的特点，只有形成全面而优质的基础素质，才有可能形成以后的高层次素质。中国青少年研究中心进行的一项调查表明，中国独生子女普遍具有六大不良习惯，但不是由于独生造成的，而是由于独生的环境和周围的教育造成的[1]。

我园作为北京市陈鹤琴教育思想研究基地，始终把"做人、做现代人、做现代中国人"[2]作为教育的目标。陈鹤琴先生认为"要有服务的精神"是做现代中国人的条件，教育就是要把处于自我状态的人培养成能够"互助"的人。此课题研究对以往课题经验、成果加以应用，从而提高了幼儿的服务能力，使幼儿从小养成自理、自立、自主的良好品质，让幼儿学会从服务自我到服务周围、服务社会，为幼儿将来的生存和社会和谐氛围的形成奠定基础。此外，通过研究过程中引导家庭的积极参与，提高家庭的育儿水平，促使家长的育儿思想、方式朝着更符合人的可持续发展需要方向发展。

社会学意义上的"服务"，是指为别人、为集体的利益而工作或为某种事业而工作。随着社会的发展，"服务"被不断赋予新意。如今，"服务"已成为整个社会不可或缺的人际关系的基础。苏联教育家苏霍姆林斯基认为："成熟的和真正的公民意识，就是把为社会服务看作一个人最主要的美德。"陈鹤琴认为："服务是为人类造福、为他人着想的勇于奉献的精神和态度，是人区别于动物的一个显著标志。"本研究界定的"服务"包括为自己与为他人社会服务两层含义，指为自己、他人和社会做事，使自己与他人从中受益的活动。

二、研究背景和文献综述

（一）埃里克森幼儿发展理论

埃里克森指出，2~6岁的儿童处于自主、主动对怀疑、内疚感阶段，他们渴望活动范围扩展到自己及家庭以外的世界，产生主动性。成人如果鼓励儿童去干力所能及的事，积极支持儿童的主动工作，儿童便会获得自主感，发展主动性，养成友好、助人和合作等积极的社会性行为；反之，成人采取相反的态度，儿童会产生羞耻、怀疑与内疚感。国内的有关研究也表明：6岁前是人的行为习惯、情感、态度等基本形成的时期，是儿童养成友爱、帮助、分享、合作和责任感等良好社会性行为和人格品质的重要时期。这一时期，儿童的发展状况具有持续性影响，其影响并决定着儿童日后社会性人格的发展方向、性质和水平。

（二）陈鹤琴先生"活教育"理论的观点

我国伟大的幼儿教育家陈鹤琴先生，于六十多年前提出了著名的"活教育"理论，其中目的论主要表现为"做人、做中国人、做现代中国人"。把"做人"作为教育的根本；"要有服务的精神"既是提出的"做现代中国人"的发展要求之一，又是对教育工作者及相关人提出的要求。"活教育"要让儿童从小树立具有为人类服务、为社会造福，勇于奉献的人生观。要有合作的态度""要有世界的眼光"这是做世界人的基本条件。

当代教育的一个热点问题是创新与合作；创新教育与培养人的合作意识已成为教育界人士的共识。提到创新与合作，就必然与培养"世界眼光"联系起来。但是，教育的目的培养"有服务的精神"却被我们忽视了。本文从"活教育"理论的"目的论"出发，致力于应用已有经验成果同时，梳理、创新方法和策略，培养幼儿服务的能力。

（三）"服务"作为一种亲社会行为的理论

有研究表明，道德的发展在早期阶段就已经开始萌芽，儿童很早就表现出利他行为。利他行为、助人行为、亲社会行为都是对社会有利的行为。行为越是向利他方向靠拢，个人的目标就越少，社会的目标就越多。

三、研究结论

(一) 以"幼儿的活动"为前提,将"服务"与幼儿可持续发展相结合

研究中我们通过对已有成果在活动中的应用,检验目标的适宜性和规范性,更加重视目标的定位与"幼儿服务""可持续发展"相关联,能够正确阐述目标等。通过研究,我们增加一条二级目标:为植物服务的能力;在三级目标内容中增加了对长辈的关爱,对传统节日习俗的了解,对自己的保护,对环境的探究及对自己情绪的正确对待方式等。合并、修改、删除三级教育目标,由原来的170条目标精简为154条。

(二) 以"幼儿的生活"为基础,将"服务"贯穿于一日活动中

研究中,我们以幼儿的生活为基础,将"服务"的目标贯穿于一日活动中,探索适宜不同年龄班幼儿的环境、区域、生活活动、家园共育的策略与方法。

我们总结出以下三条有效策略。

1. 家园合作策略

幼儿园与家庭、社区通力合作,使教育形成合力。其中包括定期沟通法——通过"每周幼儿在园活动介绍表",使家长更直观地了解幼儿在园活动情况及教育理念;随时访谈法——通过有针对性的个别访谈,教师及时了解幼儿在家情况;照片展示法——通过照片真人秀,向家长介绍正确的指导方法,使家长更直观地学习;表格反馈法——通过"家园反馈表",做到家园及时沟通,教师及时了解幼儿在家进行服务性活动的情况;儿歌指导法——指导家长使用创编的儿歌,提升幼儿的服务能力;家长进课堂法——请有专长的家长走进幼儿园,为幼儿们讲授不同内容知识,帮助幼儿提升服务能力;问卷调查法——通过"调查问卷"了解幼儿在家的情况及家长的教育理念;适时宣教法——通过家长学校向家长介绍先进教育理念;情境体验法——通过家长日活动,与家长及时沟通了解情况。

2. 环境创设策略

创设适合幼儿自主学习的精神和物质环境。其中包括行为暗示法——通过行为动作的暗示肯定幼儿的表现，使幼儿萌发下一次行为的愿望；互动墙饰法——通过创设可操作的墙饰，使幼儿在操作互动中获得有效经验和方法；关爱影响法——通过关心、抚慰、同情等行为使幼儿产生愉悦的情绪和积极的愿望；步骤引导法——通过展示"操作方法"的步骤，帮助幼儿掌握相应的服务能力；言语激励法——用语言肯定、鼓励幼儿的行为表现，使其产生愉悦、积极的情绪；图片提示法——通过具体、真实的图片使幼儿直观看到具体的行为表现，从而到达提示的目的。

3. 日常渗透策略

教师将课题研究内容渗透在幼儿日常生活及游戏活动中。其中包括生活活动渗透、过渡环节渗透、区域游戏渗透、户外活动渗透和随机教育渗透。

（三）以"幼儿的发展"为目的，构建"服务"性园本课程

幼儿园课程应更多关注幼儿的发展水平，要以幼儿可持续发展为目的，我园就是以提高幼儿的服务能力，使幼儿从小养成自理、自立和自主的良好品质，让幼儿学会从服务自我到服务周围、服务社会，为幼儿将来的生存和社会和谐氛围的形成奠定基础，从而最终促进幼儿的可持续发展。我园在同一主题下分年龄阶段形成特色课程，不仅将生活活动、区域游戏、集体活动融为一体，同时注重环境创设、家园共育的良好作用，建构"服务"性园本课程，如表1所示。

表1 主题框架

时间	大主题活动	各年龄阶段主题		
		小班	中班	大班
9月	乐在开学季	你好！幼儿园	你好！中班	你好！大班

续表

时间	大主题活动	各年龄阶段主题		
		小班	中班	大班
10月	厉害了，我的家	厉害了，我的幼儿园	厉害了，我的北京	厉害了，我的国家
11月	安全你我他	光明安全小达人	光明安全小卫士	光明安全小使者
12月	欢乐中国年	热闹中国年	民俗中国年	传统中国年
3月	"真爱"在身边	甜甜的爱	满满的爱	暖暖的爱
4月	拥抱春天	春天在哪里	春天的秘密	春天的故事
5月	健康快乐我能行	我爱玩	我会做	我能行
6月	成长下一站	我是一日小管家	我是一日小家长	我是一日小园长

参考文献

[1] 张文新. 儿童社会性发展 [M]. 北京：北京师范大学出版社，1999.

[2] 北京市教育科学研究所. 陈鹤琴全集（第五卷）[M]. 南京：江苏教育出版社，1991：62.

[3] 北京市教育委员会. 北京市贯彻《幼儿园教育指导纲要（试行）》实施细则 [M]. 北京：同心出版社，2006.

讲述活动促幼儿的创造性思维能力的发展

单 旭 *❶

摘要：在讲述活动中，讲述图片、音乐的选择和提示图的出示都是很重要的，能够帮助幼儿清楚地了解故事的主要内容，帮助幼儿进行有序、完整、连贯地讲述，达到良好的效果。讲述活动可以利用生活中集体教育、生活环节、区域游戏的时间，有效运用童话元素来促进幼儿创造性思维能力的发展。在生活环节中进行讲述活动，有利于幼儿倾听能力、理解能力的培养，使幼儿了解更多的词汇与情节内容，为幼儿的表达、讲述提供了更多的经验。尝试创新让我们有更多的思考、更多的自信，让我们在不断探究、反思的过程中，寻找到适宜的教育方法、途径，积累更多的教育经验。在创造性讲述活动中，通过多种形式不断为幼儿创建想象的空间，使创造性思维和主体意识得到充分的发挥，提高幼儿的创造力，发展幼儿的思维能力。

关键词：童话；教育手段；创造性思维

儿童心理学和教育实践证明，幼儿的想象力、创造力比我们想象得更丰富，发现、探索的欲望比我们想象得更强烈[1]。因此，在每一个教育活动中都要有助于幼儿创造性的认知特征、创造性的情感特征、创造性的人格特征的发展。

童话是儿童文学的一种形式，是把幼儿易于理解的人或动植物作为描写

---

* 作者简介：单旭，北京市东城区光明幼儿园，教师。

的对象,把自然界"社会化",并突破时间、空间的限制,通过大胆虚拟的角色、离奇曲折的情节、滑稽夸张的语言,向孩子们讲述生活的乐趣[2]。童话是以想象、创造为核心,运用夸张、象征和拟人的手法,通过丰富的想象力和创造力吸引幼儿,起到教育幼儿的作用。因此,童话讲述的教育手段能有效地培养幼儿创造性思维能力的发展。

一、提供图片支持幼儿的讲述活动

通过引导幼儿进行看图编故事活动"小老鼠旅游",活动目标是能用较连贯的语言描述故事中的人物、背景[3],学习根据画面主要部分讲述内容,根据画面内容编出故事。首先,依次出示图片并提出问题,幼儿根据提问看图回答,并按图片的顺序进行简单的看图讲述。其次,尝试出示图画形式的提示图帮助幼儿明确讲述的要素(地点、人物、怎么想、怎么说),引导幼儿根据四幅画上的内容编故事,进行故事讲述。最后,在创编故事的基础上,大胆创想故事的结尾,完整地进行故事创编。含含小朋友把自己编的故事讲给其他小朋友听:"有一天小老鼠到小河边,看见了小朋友在划船,它也想去划船。后来它走啊走,走到草地上看到了一个西瓜。它以为那是个西瓜,就把它翻过来,一看是个西瓜皮,然后它把西瓜皮放到了海里当小船。小老鼠吃起了西瓜皮,小鱼游来告诉小老鼠说:'不要咬西瓜皮,不然你就会掉到大海里。'小老鼠没听小鱼的话,就掉到海里了。小老鼠沉到了海底深处,掉到了一个贝壳里,后来有好多小鱼小虾游进贝壳里去了。小鱼小虾顶着贝壳漂到了水面上,又漂到了岸边,小老鼠得救了。"元元小朋友讲道:"有一天,有只小老鼠看到两个小朋友在玩邮轮,它也想玩,它想去找自己的船。它走到了草地上,发现了西瓜皮,它想:'如果我把西瓜皮拖到湖里,我就可以坐上自己的邮轮。'小老鼠坐在西瓜船里向湖对面游,可是它有点儿饿了,就开始吃西瓜皮。西瓜皮吃完了,小老鼠掉到了水里。小鱼看见小老鼠掉到水里,就用自己的鱼鳍拖着小老鼠游到了岸边,小鱼把它救了。"幼儿讲述很完整,想象的结尾与众不同。

反思:在看图讲述的活动中,教师出示的提示图尤为重要,提示图的内容可以有地点(什么地方)、人物(谁)、心情或想法、遇到了谁、说了什么或做了什么等。幼儿在讲述中容易随心所欲地讲,往往会出现讲述不完整、不连贯的现象,如给幼儿提前出示提示图,就会很容易帮助幼儿进行完整、连贯地讲述,达到很好的效果。

通过提问的方式引导幼儿进行看图讲述,帮助幼儿理解画面内容。

充分利用教具提供幼儿想象的空间也很重要。幼儿看图讲述的图片,最后一张要留有想象的空间,让幼儿根据故事情节续编故事的结尾,扩展想象。

二、抓住有趣事件和有利契机引发幼儿讲述

中午幼儿的自助餐里有彩饺,孩子们都纷纷选择了自己喜欢的颜色饺子吃。利用这件趣事,中午睡觉时教师对孩子们说:"小朋友们今天吃到了美味的小饺子,一会儿都来做一个小饺子的美梦吧,等起床后,请大家来讲一讲自己的小饺子梦。"下午起床后,利用环节过渡的时间,再请小朋友们讲述自己的小饺子梦。孩子们依次讲着,大家都听得非常认真。豪豪兴奋地讲述:"有一个小红饺子,它要去公园玩儿。它走到公园门口等小绿饺子,小绿饺子也去公园玩。它走在路上,又来了一个小紫饺子,它看到了小绿饺子便问:'你干什么去呀?'小绿饺子说:'我要去找小红饺子一起去公园。'小紫饺子说:'也带我一起去吧!''好吧'。它们一起去找小红饺子,找到后,三人一起去公园里的游乐场了。"

反思:其实这是一个很普通的生活活动引申的活动,借此机会对幼儿讲述能力、创造性思维进行引导。幼儿在看图讲述的基础上,教师可以预先给幼儿命题,让幼儿充分想象,进行命题讲述。教师在命题时要注意找幼儿熟

讲述活动促幼儿的创造性思维能力的发展

悉的题材,这样更能引起幼儿讲述的兴趣。在生活中,有很多讲述的题材与机会,只要教师留心去想,便可使活动随机开展。利用生活活动充实幼儿创编讲述经验很关键,但要注意的是,此活动要在每日坚持开展的讲述故事活动的基础上进行[4]。如饭前、睡前故事讲述。幼儿会在已有经验的基础上,大胆地发挥想象。

三、尝试听音乐进行创编讲述

偶然的一次尝试开展听音乐编故事"奇妙的梦"创编活动,目的是能根据音乐背景创编故事[5]。在活动过程中,通过请幼儿欣赏音乐《献给爱丽丝》,依次出示两张梦境图片,请幼儿听音乐看图编一个完整的、有趣的故事,并讲给其他小朋友听。先让幼儿完整地欣赏整首曲子,在欣赏音乐时,幼儿表现有些不耐烦了。但在看图编故事时,幼儿的兴趣很高,都在很认真地倾听着。在活动中,木子小朋友将自己编的故事讲给大家听:"有两个好朋友,它们去探险,找一本有魔法的书。他们掉到了一个黑洞里,找到了一根藤,用力拉住,爬出了黑洞。然后又看到了一个大山洞,他们走进山洞里,山洞里出现了一个大怪兽,要抓他们。突然,一个仙女赶来了,把他们带出了山洞。仙女帮助这两个好朋友一起找到了魔法书。"萱萱也编了一个很好听的故事:"在一个小岛上,住着一个特别坏的国王。有人想坐船去打败他,可是走近时小岛消失了。他们看见了一扇黑门,走进去里面很黑,里面有很多白色的小精灵。小精灵告诉他们哪把钥匙开哪个门,小精灵还告诉他们坏国王怕什么。他们打开了一个小门,坐船找到了国王的船。他们下船后,让船相撞,国王死了,他们胜利了,从此过上了幸福的生活。"幼儿语言表达清楚、想象大胆。

反思:虽然是第一次尝试活动,但带给我们了很多思考,让我们在教育创新上有了更多的自信。听音乐创编活动对于幼儿来说,无辅助材料创编范围过大，幼儿创编效果不是很好，创编的内容会很简单、空泛。因此，不能只凭幼儿听音乐进行创编，教师可以先请幼儿欣赏音乐，然后出示图片引导幼儿根据图片内容和音乐感受进行创编，做到声图并茂。借助图片，能给幼儿一个创编的范围，给幼儿一个引导，使幼儿能在提示中进行发散性地创编想象，使活动内容更加具体化、更有针对性[6]。

在音乐与图片的提供上要注意以下两方面。

（1）在音乐欣赏时，应该注意欣赏的音乐不要过长。过长的音乐容易分散幼儿注意力，使幼儿很快遗忘对音乐的感受。可以将音乐以不同的感受分段让幼儿欣赏，这样幼儿对音乐的背景能有明确的感受，有利于之后看图听音乐和创编活动。

（2）教师所提供的图片要具有科幻的色彩和内容，这样对幼儿的想象能拓宽思路，有利于幼儿发散想象，为幼儿创造性想象提供支持和空间。

四、不同情境的背景音乐和利于发散想象的图片在讲述中的作用

在第一次听音乐看图编故事的基础上，我们又一次尝试了听音乐创编故事"奇妙的梦2"活动。活动目标是理解音乐的不同背景感受，能根据音乐背景进行看图讲述。在活动过程中，先请幼儿分别欣赏两段不同感受的乐曲"天鹅湖序曲"A段（优美）、B段（令人恐惧），再请幼儿说出自己对音乐的感受，然后出示一张梦境图片（三个小朋友在草地上发现了一块发蓝光的石头），请幼儿根据提示图内容（什么地方、谁、什么心情、遇到了什么人或事、说了什么、做了什么）听音乐看图创编一个完整的故事"奇妙的梦"。幼儿按意愿分组听音乐讲述，然后请个别幼儿到前面讲述。萱萱用A段乐曲配乐讲道："有三个小朋友，一个叫欢欢，一个叫兰兰，还有一个叫安安。他们都是孤儿，没有人照顾他们。一天，他们住的村庄着起了大火，但他们没有

讲述活动促幼儿的创造性思维能力的发展

办法,火越着越大,后来他们想一起到山上去找许愿石。他们找到了许愿石,许下了三个愿望:第一个愿望是让天使帮助自己的村庄扑灭大火;第二个愿望是让村里的穷人变得富有;第三个愿望是让自己的父母复活。他们回到村庄,愿望真的实现了。小天使把火扑灭了,穷人变得有钱了,他们的父母也复活了。三个人非常高兴。"木木用 B 段乐曲配乐讲述道:"有三个小朋友,他们背着书包去旅游,来到了草地上,看到了一块发着蓝光的石头。他们觉得很好看,就一起抬回了家。到了第二天,大石头突然变成了一只大狮子,要吃掉三个小孩儿。三个小孩儿跑呀跑,跑到家里躲起来。一个躲在柜子里,一个躲在了钟罩里,一个躲在了床底下。可是,躲在柜子里和钟罩里的人没有被都被大狮子发现,大狮子把他们吃掉了。躲在床下的人大狮子没有发现。这时,大狮子变成了一个小球,躲在床下的小朋友爬了出来,用脚赶快把大狮子变成的球踢得远远的,他得救了。"每个孩子都听得非常认真。

反思:在设计这次活动时教师思考了很多,因为在上一次听音乐创编故事的尝试活动中,虽然幼儿看图创编的内容很好,丰富、完整,但是活动中音乐起的作用并不是很大。设想如果此活动不用音乐,只是看图讲述,幼儿大概也会讲出同样的效果。既然是听音乐创编,就要让音乐切实发挥作用,那么怎样才能让音乐成为活动的必要呢?我们认为要注意以下三点。

(1)音乐要有所节选。对所欣赏的音乐应该根据其不同的感受有所节选。A 段乐曲:乐曲很美,很轻柔,缓慢;B 段乐曲:乐曲低沉,让人感到害怕、急促,两段乐曲有鲜明的对比。让幼儿通过欣赏乐曲很容易区分其背景,对比感受鲜明。音乐播放长度在一分钟左右适宜,对于幼儿来说注意力容易集中,活动目的明确,有助于聚集活动重点。

(2)听音乐创编要选择一幅图片。为了让音乐在创编活动中发挥其关键作用,选择一幅图片讲述比较合适。让幼儿看一幅图,分别按不同情境的背景音乐讲述故事,能让幼儿充分发挥其想象力,创想不同的故事情节内容及结果,能使活动达到良好的教育效果。

（3）幼儿分组创想[5]。在活动中，幼儿按自己的意愿选择喜欢的背景音乐进行分组讲述，活动尊重幼儿，为每一个幼儿的发展提供了锻炼的空间，充分地发挥了幼儿活动的自主性、主体性，同时还增强了幼儿间、师幼间的交往与互动。

五、系列活动研究

（一）提供适宜的材料，帮助幼儿有序、完整地讲述

在讲述活动中，讲述图片、音乐的选择和提示图的出示都是很重要的，能够帮助幼儿清楚地了解故事的主要内容及其要素，使幼儿进行有序、完整、连贯地讲述，达到良好的效果。应充分利用教具提供幼儿想象的空间，看图讲述的图片要给幼儿留有大胆创想的空间，让幼儿根据故事情节续编故事的结尾，扩展想象。音乐要有鲜明的对比，让幼儿有不同的感受和体验，使幼儿思维得到发散。

（二）有效利用生活活动，充实幼儿创编讲述经验，丰富幼儿想象

激发幼儿欣赏、创编童话的热情，利用生活活动充实幼儿创编讲述经验很关键。讲述活动可以利用生活中集体教育、生活环节、区域游戏的时间，有效运用童话讲述来促进幼儿创造性思维能力的发展。在生活环节中进行童话讲述活动，有利于幼儿倾听能力、理解能力的培养，使幼儿了解更多的词汇与情节内容，丰富幼儿的表达经验。在生活环节中，如果教师的语言提示减少了，幼儿活动的自然与顺畅就会不断增加，幼儿倾听能力、对语言的表达、讲述的兴趣会不断提升，从而使生活环节过渡自然，教育环境轻松愉悦，能有效减少幼儿的等待时间。在进餐前后、午睡前后、离园前的活动中，可以有效利用童话讲述的手段，丰富过渡环节的内容，激发幼儿参与活动的兴趣，为充实幼儿经验、丰富幼儿想象奠定基础。

（三）大胆尝试创新，开展创造性讲述活动

我们在不断探究、反思的过程中感到，只有亲身体验才能寻找到适宜的教育方法、途径，积累更多的教育经验。

幼儿富于想象力，他们可以随心所欲地想象，把自己带进幻想的世界。创造性讲述是幼儿运用已有的知识经验、凭借想象、独立构思出新童话故事情节的活动。幼儿根据童话发展情节可创编出一段段构思新颖的情节，对发展幼儿的思维、想象、记忆和口语表达能力均有一定的作用。在活动中，通过多种形式不断为幼儿创建想象的空间，让幼儿通过发散性思维自由地提问、讨论、讲述、创编故事，可使创造性思维和主体意识得到充分的发挥，提高幼儿的创造力，发展幼儿的思维能力。

参考文献

[1] 陈帼眉. 幼儿教育心理 [M]. 北京：人民教育出版社，1987.

[2] 梁志燊. 现代学前教育 [M]. 北京：教育科学出版社，1993.

[3] 王君琦，裘天锦，闻黎丽. 幼儿语言教学法 [M]. 北京：人民教育出版社，1987.

[4] 项灵羽. 幼儿智力开发 [M]. 北京：中华工商联合出版社，2000.

[5] 袁爱玲. 学前创造教育活动设计 [M]. 北京：北京师范大学出版社，2001.

"活教育"指导下有效开展小班幼儿体育活动

高云红 *❶

摘要：陈鹤琴在"怎样做人民的幼稚园教师"一文的业务修养方面特别提醒教师们要了解怎样保护幼儿，发展儿童的各种活动动作。一个人的身心发展在人生最早的几年当中是最迅速的，也是最基础的。因此，儿童各种活动动作的发展在学龄前是非常重要的。

《3~6儿童学习与发展指南》在健康领域中明确指出："健康是指人的身体、心理和社会适应方面的良好状态[1]。幼儿身体的健康主要体现在身体各组织、器官和系统的正常发育与机能的不断完善上。幼儿身体的正常发育最基础、最重要，唯有更好地发挥其生理功能，才能让幼儿更好地适应适应环境和抵抗疾病。"

关键词：小班幼儿；体育活动；活教育；游戏

小班的幼儿年龄特点，自控力差、协调能力差、各部位肌肉发展不完善。我园以陈鹤琴"活教育"做引领，在陈老先生教育思想的指导下，进行了利用本园的现有资源对小班幼儿开展有效的体育活动的研究。

我园有一个让人特别羡慕的纯天然无污染的绿色世界——宽阔的操场、美丽的攀岩墙是孩子们锻炼胆量的好地方。孩子们可以尽情地在操场上跑、跳、爬、滚。在阳光明媚的时候，幼儿还可以躺在草坪上晒个阳光浴，接地

---

* 作者简介：高云红，北京市红星幼儿园丰台园，教师。

"活教育"指导下有效开展小班幼儿体育活动

气放松身体,这是最健康的大自然中的锻炼方式。孩子们在种植园里散步,可以观赏自己种的蔬菜。爬上灰姑娘城堡,孩子们上下楼梯的同时身体也能得到锻炼。他们光脚走在鹅卵石小路上,能够让脚上的每个神经都活跃起来。每当我们走到这里,就会设置一个游戏情境,孩子们都会投入游戏的情境中练习平衡。园里还开设了不同的体育游戏活动,如"我是炸弹能手""小蚂蚁搬家""小乌龟本领大""逛公园""快快接住它"等。在这些游戏活动中,利用我园的现有资源可以开展跑、跳、钻、爬、抛接的活动。在这个公园式的环境里,孩子们乐此不疲地活动着。吊杆、独木桥、滑滑梯,利用纸箱当山洞,自制纸球当手榴弹,自制飞盘当方向盘或红绿灯牌,自制沙包等,利用我园的有利环境开展丰富多彩的小班体育活动,正是"活教育"走进大自然大社会的最终诉求。

在"活教育"指导下,我园有效开展了小班幼儿的体育锻炼活动。

一、积极创设适宜、丰富、多样的体育活动环境

首先,根据"活教育"第十一条原则"注意环境、利用环境",我们充分利用幼儿园现有的户外活动场地和锻炼器械的最大功效,巧妙地利用和开发环境,按一定方式进行区域划分。例如,我们按不同基本动作进行分区,将区域分为如攀爬区、投掷区、平衡区、排球区和综合区等,因地制宜保证幼儿户外锻炼时间,并充分利用阳光、空气和水等自然因素,合理规范设置场地。这种规范使孩子们锻炼的目的性强、层次性、差异性得到了保证。

其次,我们自己动手利用废旧材料制作大量简易而牢固、美观而实用的体育器械。例如,锻炼平衡能力的易拉罐独木桥、绕障碍的可乐小树林等,充分体现了《3~6岁儿童学习与发展指南》中利用多种活动发展身体平衡和协调能力。

二、利用园所环境与丰富多彩的游戏结合开展专项体育活动

根据"活教育"第六条原则"大自然大社会是我们的活教材",我们在进行专项体育活动——赤足训练中,充分利用园所环境,让孩子乐在其中、锻炼在其中。

(一)光滑地面的行走游戏训练(熟练后可转移到户外草地进行)

通过捡圆环法、捡花片法、踢球法、捡豆法、滚罐法等方法,开展儿童在光滑地面的行走的游戏训练,熟练后可转移到户外草地进行训练。

(二)在沙土中进行各种玩沙游戏训练

可以在沙土、草地交替进行矮人走、双脚交替走、踮脚走、跳,用脚在沙地里画画、挖地雷,并在鹅卵石路、瓶盖路、按摩器、可乐瓶、废旧玩具、软积木及大型玩具中开展赤足训练。

三、充分发挥教师在体育活动中的引导作用

(一)观察先行,促进小班幼儿体育活动的发展

"活教育"的教育原则第十七条"精密观察"中告诉我们,观察就是获得知识的基本方法,而精密观察则是开启真理宝藏的钥匙,只有使用有效观察方法才能增进教学效果。第一,由观察所获得的知识是直接的知识;第二,亲身阅历的经验印象最深刻;第三,容易发现问题,也容易解决问题。

结合日常工作,我们发现,观察在每日工作中主要有两方面的观察:一是教师的观察,二是幼儿的观察。

（二）教学游戏化，促进小班幼儿体育活动的发展

"陈鹤琴文集"教育的第十七条原则"教学游戏化"告诉我们，游戏是人生不可缺少的活动，不管年龄和性别，人们总是喜欢游戏的，小班的孩子则更加喜欢游戏。他们喜欢在有情境的游戏中进行活动，掌握技能。

例如，在小班幼儿练习跳跃中我们发现，跳跃动作的发展出现比较大的分化，个体差异大，发展好的幼儿能协调配合双臂摆动和腿部的蹬伸动作，落地时能屈膝，连续起跳；发展不好的幼儿不能很好地控制双腿蹬伸，腾空及落地时屈膝。整体存在的问题是，幼儿跳跃时候落地普遍比较重，还不能有意识地控制身体。根据以上问题，教师设计了各种游戏情景。

游戏情景一：小兔子夹棍跳——巩固双脚并拢跳技能

在观察中我们发现，小班幼儿虽然知道双脚跳时应该双脚并齐，可实际上很多幼儿并不能按照动作要领做，要么双脚一前一后跳，要么边跑边跳。为了巩固幼儿双脚并拢跳，我们提供贴有小兔图片的跳兔棍，让幼儿将跳兔棍夹在两腿中间进行双脚行进跳。这个游戏情景的设置，保证了幼儿在跳跃时可以双脚并拢。

游戏情景二：小兔子跳彩圈——不同方向与距离的跳跃练习

小班幼儿应能较熟练地向不同方向双脚跳，立定跳远的距离也可相应提高。（测定标准：4岁男孩95厘米以上得5分，4.5岁男孩102厘米以上得5分，5岁男孩110厘米以上得5分；4岁女孩89厘米以上得5分，4.5岁女孩96厘米以上得5分，5岁女孩102厘米以上得5分。）为了让幼儿逐步适应方向和距离的变化，我们在场地上投放了许多圈，设计了小兔子跳彩圈的游戏情景，让幼儿从一个圈跳到另一个圈，练习向不同方向跳跃。

游戏情景三：小兔子去采摘——挑战跳跃的宽度和高度

经过探索与练习，幼儿掌握了双脚跳的动作要领，并慢慢形成了动力定型。考虑到中班幼儿有跳得高、跳得远的需求，我们设计了快乐采摘的

游戏情景，准备了不同层次的材料，分别用小跨栏、油桶和线轴设计了三条不同的采摘路线，幼儿可以根据自己的意愿和能力选择并尝试跳过这些障碍物。

游戏情景四：敏捷的小兔——尝试以一定速度跳跃

虽然幼儿体验到了跳跃的高度和宽度，但跳跃速度不够快，为此，我们设计了"敏捷的小兔"这一游戏情景，要求"小兔子"们轻轻跳着（保证幼儿屈膝跳跃）问"老狼"几点了。当"老狼"说"天黑了"时，幼儿要学小兔双脚连续跳并迅速跳过10块积木，回到圈里。借助这一情景，幼儿很自然地完成了加速跳跃的任务。

游戏情景五：兔子舞——探索协同跳的方法

为了探索协同跳的方法，在跳跃活动中渗透初步的合作意识和团队精神，我们设计了跳兔子舞的情景，让幼儿自主讨论两个问题。第一个问题是"两个以上的小朋友可以怎样一起跳"。幼儿经过探索，得出结论：两个以上的小朋友可以手拉手一起跳，也可以手搭在肩膀上一起跳。第二个问题是"两个以上的小朋友怎样跳才能跳得整齐"，幼儿跟着节奏鲜明的音乐，统一喊着口号"左、右，前、后，前、前、前"，节奏、速度和幅度达到了统一，愉快地习得了协同跳的方法。

四、研究小结

在一日活动中，幼儿园里的资源是我们触手可及的东西，也是孩子们最容易利用的。小班幼儿年龄小最适合利用身边资源进行园里情景化游戏，达到有效的体育锻炼目标。每次活动中我们感受最深的就是利用身边一切现有资源时，将会有意想不到的收获，也非常适合小班幼儿活动心理。游戏是幼儿的基本活动，应利用现有资源开展游戏化活动。游戏在全面锻炼幼儿身体的同时，还给幼儿带来了愉快的情绪，而良好的情绪有益于幼儿身心健康，有利于其动作发展。情景化游戏最能抓住幼儿的心理，促进幼儿身心全面健康发展。

参考文献

[1] 中华人民共和国教育部. 3~6 岁儿童学习与发展指南 [M]. 北京：首都师范大学出版社，2012.

[2] 陈鹤琴. 陈鹤琴全集（第四卷）. 南京：江苏教育出版社，2008：297.

音乐活动中激发幼儿创造力的研究

宋云娜 *❶

摘要：音乐是幼儿艺术活动的重要内容之一，实践证明，幼儿园的音乐活动是培养幼儿创造力的良好途径。音乐活动可以激发幼儿的创造力，在教学过程中可通过富有趣味性的教育方法，激发幼儿的对音乐活动的兴趣。应创设与音乐活动相关的精神环境和物质环境及相关的多种材料，满足幼儿创造的欲望，同时更应该尊重幼儿的个体差异，因材施教，使每个幼儿都获得满足与成功。另外，还可以通过运用各种感官去接受外界事物，鼓励他们多看、多模仿、多尝试，根据自己的理解来进行自由想象，在创作中体验成功的快乐。

关键词：音乐活动；幼儿；创造力；发展

音乐是幼儿艺术活动的重要内容之一，通过音乐不仅能让幼儿感受美的熏陶，而且有助于培养幼儿的创造力。法国大文豪雨果曾说："开启人类智慧宝库有三把钥匙：一把是数字，一把是文字，一把是音符。"可见音乐在人的发展过程中起着重要的作用。在实践工作中我们发现，音乐是发展孩子想象力、创造力，促进其个性发展的有效手段。幼儿园的音乐活动是培养幼儿创造力的良好途径。我们尝试通过以下方法发展幼儿的创造能力，让幼儿成为音乐活动的主人，使音乐活动真正"活"起来。

---

* 作者简介：宋云娜，北京市东城区安乐幼儿园，教师。

一、创造力培养对幼儿发展的意义

在幼儿园的五大领域中,我们一直都重视幼儿创造力和想象力的培养,想象力和创造力发展也是幼儿认知发展的一部分。说到认知发展,不得不提到近代最有名的儿童心理学家让·皮亚杰,他的认知发展理论成了这个学科的典范[1]。皮亚杰将幼儿的认知发展划分为若干个阶段,在每个阶段中,幼儿的心理结构相应发生一些变化,经过了认知发展的各个阶段,幼儿的创造力和想象力才得以提高。

二、幼儿园音乐教育活动的特点

(一)游戏下的音乐活动,培养幼儿参与活动的兴趣

对幼儿来说,或迟或早地唱准某个音调不是最重要的,重要的是激发幼儿积极参与的兴趣,从而获得体验和经验。因此,在教学过程中,我们采取富有趣味性的教育方法来激发幼儿的学习欲望。如在学习歌曲《数鸭子》时,把歌词创编成故事的形式,利用视频课件和生动的语言讲述出来,帮助幼儿了解歌曲的内容,然后在歌曲演唱时,运用肢体语言进行表演,以激发幼儿的兴趣。音乐一响起,孩子们马上被带入歌曲的情景中,一边听一边认真地欣赏着表演。

(二)多领域融合的教育形式,降低幼儿音乐活动的难度

幼儿歌曲来自生活。引导幼儿通过不同形式了解与歌曲内容相关的知识,不仅可以拓宽幼儿的知识面,还可以降低难度帮助幼儿更好地理解音乐的内涵。如进行音乐"小月亮"教学活动前,引导幼儿回家寻找有关月亮的相关资料,请爸爸妈妈讲有关月亮的小故事,鼓励幼儿观察月亮的变化,并将其记录在纸上。这样幼儿既拓展了知识,同时又对自己记录月亮

变化有了成就感。通过多种教学手段有机地结合，可以提高幼儿对音乐的兴趣。

三、音乐环境对培养幼儿创造力的影响

幼儿是在与环境的互动中发展起来的，因此，环境的创设对幼儿有至关重要的影响。

首先，要创设以音乐为主的环境，运用实物、图片等多种手段给予幼儿感官刺激，从而激发幼儿创造灵感。例如，在音乐区准备多种伴奏、表演场景、服装及多种乐器供幼儿选择。这样的环境有利于幼儿自主探索，激发幼儿表演的欲望，开发幼儿创造的潜能。

其次，创设宽松的环境也是必不可少的。《幼儿园教育指导纲要（试行）》中指出：尊重幼儿的个体差异，因材施教，使每个幼儿都获得满足与成功[2]。如在打击乐"口哨与小狗"的活动中，根据班级幼儿的能力水平和已有经验，分不同层次组织开展活动，让幼儿自主选择乐器，按照不同难度进行节奏型创编。活动还突出了幼幼互助、合作游戏，使每名幼儿都充分地参与活动中，找到自己的闪光点。

四、在音乐活动中激发幼儿的创造力

（一）为幼儿营造宽松、自由的氛围，为幼儿提供大胆想象的空间

1. 开阔眼界，拓宽幼儿想象空间

幼儿创造性思维不是凭空而来的，而是通过运用各种感官去接受外界事物得来的，要鼓励他们多看、多摸、多尝试，为幼儿进行音乐表现和创造提供感性材料。例如，利用踏青外出游玩的机会，引导幼儿观察事物的特征。看到了蝴蝶，可以问他们："蝴蝶是怎样飞的？飞起来是什么样子？"他们

就会用自己的方式,将舞姿融入表演中回答这些问题。

2. 重过程,轻结果

在教学活动中可以发现,固定的目标会给幼儿创作带来压力。在幼儿进行创作时,要根据幼儿的不同表现及时调整教学计划,给幼儿充分自由创作的空间。相比结果而言,他们会对创作的过程更感兴趣。

3. 教师要减少不必要的干预

幼儿的模仿能力很强,由于他们的艺术思维很容易被他人影响,所以在幼儿进行音乐活动中,教师应尽量减少干预,以确保幼儿创编的流畅性和完整性。

(二)采用形式多样的音乐活动激发幼儿创造意识

1. 在歌唱活动中培养幼儿的创造力

首先,要选择合适的歌唱教材。其次,在熟悉歌词的基础上,创编新的歌词。奥尔夫音乐的核心理念之一,就是在不断创新中获得新的生命力。因此,让幼儿给熟悉的歌曲创编新的歌词,既能提高幼儿唱歌的兴趣,也有利于培养幼儿的创造力。

2. 在韵律活动中培养幼儿的创造力

幼儿通过肢体语言,往往能迸发出创造的火花。可以在韵律活动中,让幼儿用肢体动作反映音乐节奏的强弱和快慢;也可以为他们创设一些特定的情景和角色,如"秋风中的小树叶""海洋里的鱼""农场里的动物"等,让他们根据生活经验尽情地去表现和发挥。

3. 音乐欣赏活动发展幼儿的创造力

音乐欣赏活动可以让幼儿直接感受音乐的美,根据自己的理解来进行自由想象,在创作中体验成功的快乐。

(1)欣赏音乐作品前要丰富幼儿的生活经验。生活经验是感受音乐作品的基础。选择与幼儿年龄特点、接受能力相吻合的作品是欣赏的前提。教师在准备欣赏活动前,应充分了解班级幼儿的前期经验。

（2）提高幼儿的审美能力，促进幼儿全面发展是音乐欣赏的出发点和归宿。音乐中优美动听的旋律会拨动幼儿心灵的琴弦，使之产生丰富的美感体验。由于幼儿的知识、经验和思维发展水平有限，这种体验往往很肤浅、不稳定，需要精心指导，因而在引导幼儿感受音乐之美时要选好音乐。幼儿大都对生动形象、具体直观的审美对象产生兴趣，所以可以选择具有一定故事情节的音乐，如《小兔子乖乖》《小动物和大灰狼》等。

（三）积累经验，提高幼儿音乐素质

幼儿的思维以具体形象为主，活动往往受环境、气氛的影响。因此，在教学活动中，教师可结合歌曲的目标，设计相应的音乐环境，通过气氛渲染，引起幼儿的情感共鸣。例如，欣赏音乐作品《摇篮曲》时，可创设这样的音乐氛围：一座房子外月亮高高挂，星星闪烁，柳枝轻摆，房里一位教师扮演妈妈，边哼曲子边哄宝宝睡觉，洋溢着浓浓的母爱与亲情。幼儿被这优美、安宁的氛围所感染，沉浸在无比温馨的气氛中，以景引入，以情带动，达到情景交融的效果，从而激发幼儿的兴趣，提高音乐欣赏的质量。

参考文献

[1] 冯振琦. 谈音乐思维与创造性思维的共性 [J]. 艺术教育，2005（01）.

[2] 伍荣生. 浅谈音乐教育中学生创新能力的培养 [J]. 三明高等专科学校学报，2002（3）.

[3] 北京市教育委员会.《幼儿园教育指导纲要（试行）》实施细则 [M]. 北京：同心出版社，2006：16.

幼儿园生活化课程资源的开发与利用

倪 喆 *[1]

摘要：《3~6岁儿童学习与发展指南》指出："在生活中学习与发展是幼儿的一个显著特点，融教育于一日生活中也由此成为幼儿教育的一个显著特点"[1]。我园2016年搬入新建园区，幼儿园占地面积约两万平方米，如何创设幼儿园的环境及购买什么样的玩具成为急需解决的问题。经过深思熟虑，园长和教师们考虑到幼儿园的建设不能只由园长和教师做主，应该充分地考虑孩子们的建议和想法，如此空旷的幼儿园室内外场地正是能够激发幼儿充分想象与创造属于他们自己的幼儿园的想法。

关键词：生活化；课程；一日生活；课程资源

一、对幼儿园课程生活化内涵的思考

南京师范大学学前教育学院虞永平教授所著《学前课程与幸福童年》一书中这样介绍幼儿园课程生活化的内涵："幼儿园课程生活化是幼儿教育回归幼儿生活思想的具体体现。"[2] 面对幼儿园要搬到新园的这一事实，孩子们憧憬着新园的游戏与生活，他们挥舞着自己手中的画笔，希望幼儿园拥有有趣的迷宫、萌宠乐园，能够亲自动手种植和收获的小农庄，和老园一样的能够玩泥巴的泥塑教室、观光小火车等。这不就是孩子们的真实生活吗？

---

* 作者简介：倪喆，北京市杨镇中心幼儿园，保教主任。

二、我园生活化课程资源的开发与利用

(一) 生活化课程——动物乐园新成员

园长妈妈从姊妹园接来两只小羊,孩子们喜欢得不得了。他们亲自给小羊盖羊圈、建围栏,小羊宝宝还是"淘气"地从羊圈里面跑出来,孩子们又想办法将围栏的缝隙进行调整,终于将小羊安置好了。冬天到了,小羊的房子看起来太冷了,孩子们又学习编草帘,让小羊的房子变暖和。我国著名教育家陶行知先生始终认为,生活是一部活的教科书。他们发现了鹅蛋,然后捡鹅蛋、孵鹅蛋,幼儿园的鹅由最初的两只变成了四只,孩子们真真切切地体验到了期盼生命到来、照顾小鹅、记录小鹅成长、将小鹅放回到爸爸妈妈身边等过程。最近,小鹅又开始下蛋了,新一拨的孩子们在看了哥哥姐姐们的活动记录后又来尝试孵化的过程,但这一次没能像哥哥姐姐一样一次就成功。他们等待了5颗鹅蛋的孵化过程,终于在第6颗鹅蛋时迎来了小家伙。担心小鹅冷,他们还准备了纸尿裤垫在小鹅的"鞋盒家"里,老师们也深深地感受到了孩子们对生命的期盼。

(二) 生活化课程——雨具博物馆

幼儿园一层的楼道里面,摆放着色彩鲜艳和样式可爱的小雨鞋、不同材质的小雨伞、仿生小雨衣等。以往一下雨,我们都会带着孩子们窝在教室里,现在有了这个博物馆,孩子们在下雨天便可以风雨无阻地去听雨、看雨,摸摸小雨、踩踩水坑,甚至在雨里做游戏呢!孩子们体验了单人伞、双人伞、多人伞,感受了雨披、斗笠等雨具的防雨效果。活动结束后,孩子们学会了擦干雨具、收拾整理雨具并将雨具放回原位,以便下一个班级的小朋友来使用。更重要的是,赶上雨天孩子们还可以借用雨具博物馆的雨具,使用和归还时请爸爸妈妈填好借用登记表,真正利用好雨具博物馆的资源。

（三）生活化课程——小农庄

幼儿园可供种植的面积较大，有专门的暖室，即便是在寒冷的冬季，孩子们仍可看到很多植物的生长过程。在种植课程的开发与利用上，我们有以下几点做法与思考。

1. 有丰富种植经验的"郝爷爷"的支持

孩子们口中的"郝爷爷"及老师们口中的"郝师傅"，在幼儿园里可是"活资源"。郝爷爷知道的可多了：什么时候种瓜，什么时候种豆，什么时候移栽……郝爷爷还能及时提醒孩子们根据节气开展相应的活动，如翻地、下种、浇水等。郝爷爷告诉中三班的小朋友们种下的白薯要收获了，要带上小铁锹、小水桶。他先帮助小朋友们将土铲松，然后再指导孩子们用小铁锹挖白薯。

2. "示范田"与"试验田"

郝爷爷将每个班级的种植地一分为二，孩子们计划种的植物种在一边，郝爷爷在另一边种相同的植物，这样孩子们可以进行对比观察。孩子们在观察时很快发现，试验田里面的植物参差不齐，但是郝爷爷示范田里面的植物却分布得很整齐。通过不断地积累种植的相关经验，孩子们体验到了多种植物的生长全过程，观察到了植物的根、茎、叶、花和果实等，直观地体验到了植物生长的整个过程。

3. 开发利用更多种植地

大班孩子们想种植向日葵，在种植完毕后，孩子们发现有不少外班小朋友不知道他们利用这块地种植向日葵，在地里面走来走去。于是，他们就想出用围栅栏的方法，用青砖在向日葵地旁围了砖墙。可是这样还是有中小班的弟弟妹妹们不小心将皮球掉在向日葵园里。回到班级，孩子们一起想办法，想到用提示牌的方式告诉全园的老师和小朋友他们在这块园子里种植了向日葵，让大家小心不要踩到向日葵苗。慢慢地，孩子们和家长们开始关注到这些牌子，都开始保护这片向日葵园。

4. "大手牵小手,携手添绿意"

利用镇政府为幼儿园购置银杏树苗的契机,结合我园生活化课程的理念,我们开展了本次"大手牵小手,携手添绿意"活动。在生活化课程理念的引领下,孩子们探索使用铁锹的方法,了解种植需要的工具,体验和大家一起亲手种下人生中第一棵有爱的树,亲自浇上一桶水,并用充满爱心的行动和语言表达了对树木的爱护和祝福。

(四)生活化课程——给小鱼搬家、送小鱼回家

幼儿园水系里面有很多鹅卵石和很多条漂亮的小金鱼。天气渐渐变冷,眼看幼儿园的水系就要冻冰了,小鱼们怕不怕冷?冻冰了,小鱼们怎么办?在查阅了相关的资料后,孩子们选择了暖室、门厅的鱼缸等地方安置小鱼。中班的孩子们计划好安置小鱼的地方后,又讨论得出需要水桶、网鱼及加热棒等工具材料。历经三天,在爸爸妈妈们的帮助下,孩子们成功地将所有小鱼安置好了。

春天来了,在记录气温变化后,孩子们决定在三月下旬将小鱼的家进行清扫,如捡树叶、放水、捞水面上漂浮的干树叶等。确保水池的水已经很干净后,孩子们开始擦洗栏杆。接着就是他们最期盼的送小鱼回家的时刻,中班小朋友号召全园小朋友来帮忙。这一次,在家长志愿者和大班哥哥姐姐的帮助下,小鱼们顺利地回家了。看上去是简单地给小鱼搬家,孩子们却在这样的活动中关注小鱼及小鱼生活环境的变化,积累了经验,培养了能力,丰富了情感。

三、幼儿园生活化课程的再思考

基于上述我园生活化课程资源的开发与利用情况,我们定期组织教师进行生活化课程的专题教研活动。经过几次活动后,我们有以下两点思考。

幼儿园生活化课程资源的开发与利用

（一）充分开发与利用家长资源

在以往的入园前家长调查问卷中，我们忽视了家长资源这个非常好的可开发与利用的机会。意识到这个问题后，我们对入园前的调查问卷进行了修改，加入了爸爸妈妈爱好及擅长等介绍部分，这正是我们了解家长资源的重要途径。妞妞小朋友的爸爸是区里很出名的画家，多次抽时间到幼儿园和孩子们一起画画；阳阳的妈妈是幼儿园老师，在亲子运动会上帮助老师一起组织家长进行亲子游戏项目。家长委员会是每个幼儿园都必不可少的一个团队，我园家委会名字是"爱的帮帮团"。园里有大型活动时，帮帮团成员们都会义不容辞地参加我们的活动。

（二）开发与利用社区周边资源

幼儿园所处的社区环境是社会大环境中的一个部分，它包括幼儿园周边的自然景观、风土人情、各种社会机构及人员等。我园周边有鲜花港、汉石桥湿地及城市学院等资源，后期实践过程中将陆续绘制社区课程资源图，便于幼儿园和老师们组织活动时能够有效利用与参考使用。为了孩子们的全面发展，努力做好幼儿园课程资源的开发与利用是非常重要的。我园将会在开发生活化课程资源的基础上，不断完善，使生活化课程资源更加丰富，使孩子们能够更加热爱生活，在生活中不断成长！

参考文献

[1] 李季湄，冯晓霞.《3~6岁儿童学习与发展指南》解读 [M]. 北京：人民教育出版社，2013.

[2] 虞永平. 学前课程与幸福童年 [M]. 北京：教育科学出版社，2012.

开放式区域户外体育活动的支持策略

赵湘霞 *❶

摘要：我园借助陈鹤琴教育思想研究会"十三五"课题——幼儿户外体育活动环境与支持策略研究，通过"强化目标性、突出趣味性、注重层次性、加强指导性、贯穿自主性"等策略，开展区域开放户外体育活动，将幼儿自身具有的能动性、自主性和区域活动的全面性与层次性特点相结合，根据幼儿园环境，突出幼儿的自主性发展，为幼儿创设打破班级、打破年龄、打破区域界限的户外体育活动环境，提供满足不同年龄、不同层次、不同需求幼儿发展的区域户外活动材料，使幼儿在根据自身的兴趣及能力，自由、自主地选择区域的同时，激发幼儿参与体育活动的兴趣，在快乐的体验中身心健康获得和谐发展。

关键词：区域；开放；体育活动；支持策略

2016年3月，我园依托陈鹤琴教育思想研究会"十三五"课题，开展幼儿户外体育活动环境与支持策略研究，突出区域开放户外体育活动幼儿的自主性发展。我园将幼儿自身具有的能动性、自主性和区域活动的全面性与层次性的特点相结合，为幼儿创设打破班级、打破年龄、打破区域界限的户外体育活动环境，提供满足不同年龄、不同层次、不同需求幼儿发展的区域

---

* 作者简介：赵湘霞，国管局机关服务中心副主任兼国管局幼儿园，园长，高级教师/高级校长。

开放式区域户外体育活动的支持策略

户外活动材料,使幼儿在根据自身的兴趣及能力,自由、自主选择区域的同时,增强幼儿参与体育活动的兴趣,促进基本动作和综合运动能力的不断发展,形成坚强勇敢、坚韧自信及健康向上的学习品质,自主性发展明显提高,实现我园"阳光生活"和"快乐运动"的课程目标。

一、强化目标性

幼儿教育目标是幼儿园教育的出发点和归宿。我园将"培养幼儿运动兴趣,积累运动经验,发展幼儿体能"作为户外区域体育活动的目标[1],结合幼儿"走、跑、跳、投、钻、爬、平衡"等基本动作,设有跳跃区、钻爬区、平衡区、投掷区和小车区等几大区域,使幼儿在与同伴、环境发生互动的过程中,锻炼身体、增强体质,培养规则意识和社会合作交往能力,使教师在心中有目标的基础上,做到眼中有幼儿,将教育落到实处。

二、突出趣味性

兴趣是激发幼儿参加体育活动的主要动力[2]。我园教师通过创设情境性游戏环境、投放趣味性的游戏材料,极大激发了幼儿参加体育活动的兴趣。例如,通过情境性游戏创设"爱探险的朵拉",激发小班幼儿参与体育活动的兴趣。结合大班幼儿已有的学习经验,在攀岩区增加了竞赛内容,创设了插红旗比赛的游戏情景;结合不同年龄幼儿的生活经验,在骑行区增加了加油站、洗车房、交通标识、警察角色等游戏场景,增强了幼儿的活动兴趣;在投掷区,教师结合故事情节为幼儿创设"痛打大灰狼"的游戏情景,钻爬区创设"小红军突破封锁线炸碉堡"的游戏情景,平衡区创设"小熊过桥"的游戏情景,调动了幼儿参与活动的主动性。

三、注重层次性

幼儿的发展水平存在一定的差异性。我园教师在创设游戏环境、提供游戏材料的时候,充分考虑到幼儿的差异性,投放不同层次的游戏材料,以满足不同能力、不同层次、不同发展的幼儿的需要。例如,在上臂力量锻炼区,为小班幼儿投放装有水的篮球,为中班幼儿投放装水的油桶,为大班幼儿投放不同大小的轮胎。这些器材成为幼儿训练上臂的拉力器,供不同上臂力量的幼儿进行选择。在平衡游戏区投放高矮不同的器材,可供能力有差异、胆子大小不一的幼儿进行选择。在攀爬跳跃区,教师为幼儿提供高矮不一的垫子,使幼儿能够通过助跑跃上垫子,再从垫子上跳下去。也就是说,材料的投放结合幼儿已有的经验,依据"最近发展区"的理念,投放"跳一跳能够够得着"的游戏材料,真正满足幼儿的需要,供幼儿主动选择适合自己游戏的项目,促进幼儿主动游戏、主动发展。

四、加强指导性

区域户外体育活动为幼儿提供了充分展示的机会。在这一过程中,幼儿的个性、兴趣、爱好、动作及综合运动能力都能得以充分展现。为保证幼儿能力在活动中得到有效提升,达到发展的目的,我园教师通过对幼儿参与运动的兴趣态度、专注程度、交往能力、意志品质等方面进行观察,了解幼儿的内心世界,找到问题的原因及实际发展水平的需要,并给予适当的支持和指导。例如,有的幼儿只喜欢玩一种运动游戏,教师就利用小手环鼓励和引导幼儿进行多个区域的选择;有的幼儿面对困难,出现逃避现象的时候,教师就用鼓励的语言、积极的心理暗示给予幼儿有效的支持,使幼儿在活动中能够顺利完成任务,增强自信,减少挫败感。

五、贯穿自主性

《3~6岁儿童学习与发展指南》中强调要"以幼儿发展为中心，重视幼儿的主体地位"[3]。通过幼儿在开放的户外区域活动中自主合作游戏，促使幼儿主动参与体育锻炼，激发幼儿参与体育活动的兴趣，获得积极的情感体验。因此，我园教师通过引导幼儿参与体育活动，使其获得积极的亲身体验，从中感受体育活动所带来的快乐。首先，引导幼儿参与活动计划的设计。问问幼儿想玩儿什么、怎么玩儿更开心、更安全。其次，鼓励幼儿参与游戏材料的摆放。经过一年多的研究实践，我们发现幼儿能够自己主动摆放器械并参与游戏环境的创设，同时在摆放器械的过程中，他们的情绪是积极的、快乐的。他们可以根据自己能力的大小去选择游戏材料，为创设游戏环境尽自己的一份力，从中获得自主劳动的快乐体验。最后，创设可供幼儿积极选择的环境。由于户外区域体育环境是开放的，游戏内容的选择也是开放的，事实证明，幼儿选择的机会越多，其自主性就越强，主体地位就越能更好地落实。特别是在活动中，通过"大带小、小学大"的同伴互助中，幼儿能够在活动过程根据自己的需要，不断自行调整活动方案，大胆尝试。激情四射的游戏场面也会使个别"袖手旁观的幼儿"积极参与到活动中来。应充分挖掘幼儿的游戏潜能和运动潜能，使体育活动成为促进幼儿主动发展的有力手段。

幼儿园区域户外体育活动通过强化目标性、突出趣味性、注重层次性、加强指导性、贯穿自主性等策略，根据幼儿园环境，因地制宜地把各种不同场地创设成不同的运动游戏区域，投放不同的游戏材料，使幼儿在快乐的体验中身心健康，获得和谐发展，为培养幼儿具有强健的体魄、阳光的心态，并为适应未来社会的发展打下坚实的基础。

参考文献

[1] 孙金红.浅谈幼儿园户外区域游戏[J].课程教育研究,2018(2).

[2] 姚琪.幼儿园户外区域体育活动初探[J].新课程·小学,2013(11).

[3] 中华人民共和国教育部.3~6岁儿童学习与发展指南[M].北京:首都师范大学出版社,2012.

如何有效把握骑小车活动的运动量

刘梅卉 *[1]

摘要：《幼儿园教育指导纲要（试行）》[1]指出：幼儿园必须把保护幼儿的生命和促进幼儿的健康放在首位，应开展丰富多彩的体育活动，从而达到锻炼的目标。因此，在保证幼儿户外体育活动的同时，也要有效把握户外体育活动的运动量，促进幼儿健康、快乐地成长。于是，我们在户外区域活动中，在如何有效把握骑小车活动的运动量方面，进行了数据统计和量化分析，形成了有指导性的实施方案。

关键词：运动量；骑小车；指导策略

运动量也称"运动负荷"，指人体在体育活动中所承受的生理、心理负荷量及消耗的热量，由完成练习的运动强度与持续时间等因素所决定。幼儿户外区域体育活动运动负荷是否适宜，关系到是否通过体育活动达到增强幼儿体能的目的。幼儿参加体育活动的时候，要承担一定的生理负荷：负荷过小，达不到运动量；负荷过大，有损幼儿的身体健康[2]。

一、运动量把握不准确引发的思考

户外区域体育活动中的小车区，每次户外活动时，有的幼儿骑行了两三

---

* 作者简介：刘梅卉，国家机关事务管理局花园村幼儿园，教育教师。

圈，就满头大汗，摸摸脉搏运动量达到了；有的幼儿骑行了五六圈，还表情平稳，摸摸脉搏运动量没有达到。我们针对上述问题进行了分析：第一，车型的限制，车型包括单人车、双人车和载货车三种；第二，受车速的影响；第三，体能测试中没有数据的支撑。对于小车区域的幼儿运动量怎样才能把握得更加准确、更加具有科学性，我们进行了如下的研究。

二、通过实验测量找到相关数据支持

《幼儿园教育指导纲要（试行）》规定，幼儿体育运动负荷的参考数据：户外运动强度平均心率为130~160次/分,运动密度为30%~60%。一般认为"强度小些,密度大些",于是我们分别选取4~5岁、5~6岁男孩和女孩进行单人车、双人车、载货车的单人测试，尝试幼儿运动量的探究。幼儿骑行一圈的长度为180米左右。

在骑单人车的过程中，大班的男孩、女孩骑行两圈以上的平均心率达到130~160次/分，中班的幼儿骑行三圈以上的平均心率达到130~160次/分（见表1）。

表1 单人车的测试

性别	年龄	项目	单人车测试		
			第一圈	第二圈	第三圈
男孩	5~6岁	平均脉搏	130次/分	140次/分	160次/分
		平均时间	42秒	45秒	38秒
	4~5岁	平均脉搏	104次/分	125次/分	140次/分
		平均时间	1分26秒	1分钟10秒	1分钟10秒
女孩	5~6岁	平均脉搏	125次/分	138次/分	150次/分
		平均时间	58秒	50秒	50秒
	4~5岁	平均脉搏	110次/分	125次/分	140次/分
		平均时间	1分20秒	1分钟24秒	1分钟10秒

如何有效把握骑小车活动的运动量

在骑双人车的过程中，大班的男孩骑行两圈以上的平均心率达130~160次/分，大班的女孩和中班的男孩、女孩骑行三圈以上平均心率达到130~160次/分（见表2）。

表2 双人车的测试

性别	年龄	项目	单人车测试		
			第一圈	第二圈	第三圈
男孩	5~6岁	平均脉搏	120次/分	125次/分	145次/分
		平均时间	1分02秒	59秒	1分
	4~5岁	平均脉搏	112次/分	120次/分	140次/分
		平均时间	1分09秒	1分钟07秒	1分钟21秒
女孩	5~6岁	平均脉搏	120次/分	125次/分	140次/分
		平均时间	1分08秒	1分钟09秒	1分
	4~5岁	平均脉搏	115次/分	120次/分	135次/分
		平均时间	1分07秒	1分钟08秒	1分钟22秒

在骑载货车的过程中，大班的幼儿骑行两圈以上的平均心率达到130~160次/分，中班的幼儿骑行三圈以上平均心率达到130~160次/分（见表3）。

表3 载货车的测试

性别	年龄	项目	载货车测试		
			第一圈	第二圈	第三圈
男孩	5~6岁	平均脉搏	104次/分	140次/分	150次/分
		平均时间	1分	1分10秒	1分
	4~5岁	平均脉搏	104次/分	132次/分	140次/分
		平均时间	1分10秒	1分钟10秒	1分钟10秒
女孩	5~6岁	平均脉搏	110次/分	135次/分	140次/分
		平均时间	1分10秒	1分	1分
	4~5岁	平均脉搏	104次/分	125次/分	138次/分
		平均时间	1分15秒	1分钟	1分钟16秒

骑小车项目适宜的运动量通过测试表呈现出来,因此在这次中大班的骑行过程中,教师怎样调整好活动的运动量是很重要的。在户外区域体育活动中,只有给幼儿适宜的活动量,使幼儿的身体承受适宜的生理负荷,才能增强幼儿的体质,达到强身健体的目的。

三、实施有效的指导策略

(一)活动目标要体现目的性、层次性

丰富多彩的活动组织形式有目的性、层次性,能培养幼儿的活动兴趣和积极性,并且可以合理安排骑小车幼儿的运动量。在情景创设中,教师和中大班幼儿相互讨论,并在讨论的过程中创设了"儿童村大救援"活动场景。场景是儿童村连下了好几场大雨,洪水把儿童村的财产都冲走了,许多小朋友生病,需要大家赶快抢救。现在有三种车型:单人车变身巡逻车,载人车变身救护车,载货车变身抢救财产车。巡逻车要求幼儿围着村庄转三圈,根据交通标识,在快车和慢车道交替行驶,发现需要救助的财产和伤员立即报告,并组织救护车和抢险车进行支援。救护车要把伤员运到指定的医院,在运送的过程中要提高速度,但也要注意保护伤员的安全。抢险车可以两人合作抢救财产,也可以一人独立完成,在抢险时将财产运到仓库。在这个游戏的过程中,中班的幼儿至少在骑行跑道转三圈来完成任务,大班的幼儿至少在骑行跑道转两圈。每转一圈,教师用秒表计时并进行提醒,合理安排幼儿的运动量。在这个过程中,孩子们特别兴奋,特别爱玩。每位来到小车区玩耍的幼儿,都带着任务忙碌着。

(二)活动过程要具有灵活性、科学性

在活动过程中,我们根据幼儿的活动情况,灵活地把握各个环节,及时

观察,并及时调整方法。在户外体育活动中,教师要注意观察幼儿呼吸、面色、兴趣和情绪等变化,及时进行判断,并调整运动负荷。在游戏的过程中,有当交通指挥员的幼儿,运动量不是很大,教师要引导幼儿转化一下角色,可以去当救护员或抢险员。有的幼儿累得满头大汗,脸色发红,心跳很快,教师就要去引导幼儿休息或换一个运动量小的角色让幼儿去扮演。在这个过程中,教师和保健医会通过和幼儿谈话,向幼儿提出问题,从而了解幼儿发展的状况。教师还可以用测量法根据幼儿的脉搏,用摸脉的方法来调整孩子的活动量。活动中的幼儿心率应为 130 次/分以上,最高不超过 180 次/分,以此来合理安排幼儿的运动量。

要使幼儿户外区域体育活动达到良好的效果,主要是把握好幼儿的活动量,调整好运动量。在这个过程中,教师的观察和指导很重要。教师要依据科学的方法,不断摸索、不断总结,调整幼儿的户外区域的体育活动量,促进幼儿在活动中得到发展。

参考文献

[1] 中华人民共和国教育部. 幼儿园教育指导纲要(试行)[M]. 北京:北京师范大学出版社,2001.

[2] 陈慧芳,陈敏. 如何提高体育课的运动量和练习密度[J]. 幼儿教育,1991(Z1):32-32.

[3] 陈飞飞. 把握运动量 促进幼儿体育发展[J]. 教师,2012(10):123-123.

敏捷梯在幼儿园体育活动中的应用

李 佳*[1]

摘要：敏捷梯在幼儿园体育活动中的应用，丰富室内游戏材料，通过不断探索发现多种玩法，完善体育游戏的多样化，激发幼儿参与游戏的主动性，发展幼儿的基本动作和运动能力，适用于幼儿园室内体育活动。

关键词：敏捷梯；幼儿园；体育活动；室内；基本动作

户外体育活动是幼儿园一日生活活动中的重要组成部分，幼儿在参与体育活动中获得的积极的、主动的、快乐的情绪是其他活动无法替代的，但面对雨雪天气，尤其是秋冬的雾霾天气，幼儿无法在户外进行体育游戏活动，这引发我们迫切思考，什么材料适合室内相对有限的空间，便于幼儿自主取放、自主参与，促进幼儿自主发展呢？

在探索中，我们发现了敏捷梯，也叫作"速度梯或绳梯"。相对于其他户外材料，它具有轻便、自由组合、方便取放、节省空间、成本低、耐用、安全、对场地要求低的特点。基于《3~6岁儿童学习与发展指南》[1]针对幼儿运动能力以及基本动作的要求，我们结合敏捷梯的特性进行了进一步的研究。

一、结合敏捷梯自身特征，适合在室内应用

敏捷梯由两根长绳和多根短绳连接而成，平铺在地面时，容易操作；利用

---

* 作者简介：李佳，国家机关事务管理局花园村幼儿园，教育教师。

绳子作为材料，成本低、轻便、安全；在使用时，幼儿能够独立操作，便于自主取放；在游戏中可变换不同形态，方便延长、调整宽窄、架空、立起等操作，可增加室内游戏的多样性，因此它不受天气和空间的影响适合在室内使用。

二、结合敏捷梯的特性，促进幼儿基本动作的发展

幼儿基本动作的发展对幼儿参与体育活动具有至关重要的作用，《3~6岁儿童学习与发展指南》中动作发展的大肌肉方面从平衡、动作协调、灵敏、力量与耐力维度，需要关注幼儿身体的控制平衡能力、身体移动能力、器械操控能力的核心经验。研究表明，幼儿早期动作的良好发展会鼓励幼儿参与体育活动，促进其对身体健康认知、情绪和社会性等多方面发展，为个体未来的全面发展提供有利条件；反之，则会阻碍个体的全面发展。遵循幼儿年龄特点，敏捷梯的运用要区别于成人常规训练，应注重发展幼儿的基本动作和运动能力。利用敏捷梯如何在幼儿园运动中发展幼儿基本动作，我们进行了进一步的玩法探究。

（一）赋予敏捷梯童趣性，提高幼儿游戏兴趣

《幼儿园教育指导纲要（试行）》指出，以游戏为基本活动，通过多种活动促进幼儿发展，保证幼儿游戏的权利，为幼儿提供充足的游戏条件。

1. 增加卡通形象赋予敏捷梯童趣

小班锻炼双脚连续向前跳的能力时，设置游戏情景，将幼儿喜欢的恐龙形象制作在敏捷梯上。在运动游戏中，幼儿会想象："我要努力跳过小恐龙，只要跳得又快又高，我就不会被它咬到。"因此，在游戏中幼儿表现积极、快乐，增强了跳的兴趣与能力。

2. 增加游戏情景引发幼儿兴趣

小班利用开火车的情景，一个跟着一个走，使幼儿在游戏中既练

习了跟随走的动作又发展了协调能力，使其感受到了同伴游戏的快乐（见图1）。

图1　开小火车情景

（二）运用敏捷梯多变性，锻炼幼儿基本动作

结合《3~6岁儿童学习与发展指南》中各年龄幼儿走、跑、跳、爬、钻、攀登和悬垂基本动作发展的特点和要求，把握幼儿关键经验及运动核心经验，探索敏捷梯的不同玩法，锻炼幼儿的平衡能力、力量和耐力，发挥材料的最大价值，促进幼儿基本动作的发展。

1. 走的游戏

《3~6岁儿童学习与发展指南》中要求小班幼儿能沿着地面直线或低矮物走一段距离，而小班幼儿在走步中控制方向弱，步幅小而不稳定。通过尝试，让幼儿走在敏捷梯两边直线长绳上，利用长绳作为直线视觉提示，引导幼儿走直线（见图2），提高幼儿走步的方向性，锻炼幼儿身体平衡和控制能力，提高稳定性。

图2　走

2. 跳的游戏

《3~6岁儿童学习与发展指南》中要求小班幼儿身体平稳的双脚连续向前跳（见图3），而小班幼儿在跳跃中会出现落地不稳、跳跃近的特点。为此，可运用梯子的长度指引幼儿跳跃方向；利用格子，增加幼儿跳跃距离；利用格子等距设计，帮助幼儿把握跳跃的节奏和速度，从而提升幼儿双脚连续向前跳的能力。

图3 双脚跳

图4 单脚跳

《3~6岁儿童学习与发展指南》中对于单脚连续向前跳（见图4）要求（小班2米、中班5米、大班8米），可发挥敏捷梯方便调节长短的特点，根据年龄需求，调整总长度，适用于不同年龄的要求。

中大班幼儿跳跃远度增长较快，跳跃动作逐步协调、能够助跑跨跳、连续跳绳等。可结合幼儿跳跃的发展，利用敏捷梯增加单双脚交替，正反跳、开合跳、持轻器械跳跃及跨跳、跨越等多种形式复杂的跳跃，锻炼幼儿跳的基本动作，提升幼儿的腿部力量、身体平衡控制力量、爆发力、耐力等。

3. 钻、爬

《3~6岁儿童学习与发展指南》要求中班幼儿能以匍匐、膝盖悬空等多种方式钻爬；大班幼儿手脚并用爬攀登架，双手吊臂（小班10秒、中班15秒、大班20秒），对上肢力量与身体协调性有明确要求。

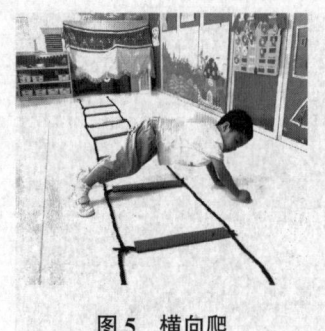

图5 横向爬

而在钻爬活动中，小班幼儿动作还不灵敏，多并手并脚，手脚爬还略显笨拙；中大班幼儿侧面钻两腿屈与伸交替不协调、不灵活，合理有效地利用敏捷梯开展正面爬、横向爬（见图5）、手脚爬、持物爬、正面钻、侧身钻等，可以锻炼幼儿上肢力量和身体协调控制能力。

侧身横向爬游戏时，根据幼儿能力，变换支撑位置，减少支撑宽度，适应不同幼儿需求。

在钻的游戏中，拉住绳梯两端立起，变成钻网。幼儿利用绳梯的格子进行正面钻（见图6）和侧身钻（见图7）游戏。调整绳网高低角度，适用不同需求的幼儿，锻炼幼儿身体的控制性与协调性；变换绳梯方式把钻网放平悬空，增加游戏情景。如在"打地鼠"游戏中，幼儿站在绳梯格里，通过快速蹲以躲避不被打中，增加游戏兴趣与挑战，锻炼幼儿向上钻和腿部力量，提高灵敏度。

图6 正面钻

图7 侧身钻

三、创新敏捷梯的玩法，激发幼儿探索游戏的主动性

充分利用室内其他材料与敏捷梯结合，引导幼儿主动探索和创新更多有趣的游戏，激发幼儿自主学习、自主创新的能力，促进幼儿主动游戏。

（一）利用敏捷梯自身形态特征的改变，变化多种玩法

幼儿在自主探索游戏中，利用椅子支撑敏捷梯，赋予情景游戏，变成"电网"，制订游戏规则，采用匍匐爬（见图8）或面朝上前行（见图9）的方法，激发幼儿游戏的兴趣，锻炼幼儿身体的协调性和钻爬能力。

图8　匍匐爬　　　　　　　　图9　面朝上前行

（二）利用敏捷梯与其他辅助材料结合，创新多种形式

球类或沙包与敏捷梯结合，增加幼儿操控性、挑战性。将沙包向前投掷到格子里，跳进格子捡沙包，反复前行，锻炼幼儿投掷的准确性、腿部力量、身体协调性；将敏捷梯拉直立起来变成梯网，进行投远、投准，提高投掷的能力；与篮球结合，站在格内拍球加强对球的控制能力；两名幼儿分别站在长绳两侧，以敏捷梯的宽度作为分界线进行近距离抛接球游戏，增加幼儿间互动游戏，使其体验与同伴游戏的乐趣。

（三）利用敏捷梯创建图谱，设计游戏规则

敏捷梯可以进行图谱（见图10）的设计与记录，方便教师指导和幼儿使用，具有可操作性和普及性。同时，幼儿也可以自己进行摆放设计图谱，制订游戏规则并进行游戏。

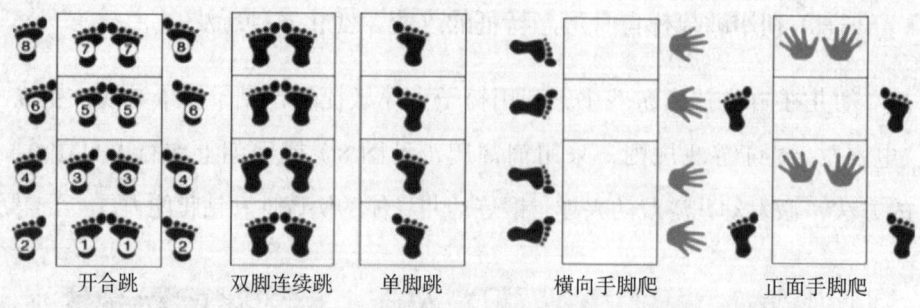

开合跳　　双脚连续跳　　单脚跳　　横向手脚爬　　正面手脚爬

图 10　敏捷图谱

利用敏捷梯在室内开展体育游戏形式是多种多样的，其自身特点——轻便、节省空间、幼儿方便取放及在使用过程中的安全性都具有优势。敏捷梯有利于幼儿创新各种有趣好玩的方法，激发幼儿参与体育活动的兴趣。在今后的运动中，还可以不断探索利用敏捷梯开展体能操活动，锻炼幼儿基本动作、促进幼儿主动性的发展，在愉快的游戏中锻炼强健的体魄，提高幼儿的综合运动能力。

参考文献

[1] 中华人民共和国教育部. 3~6 岁儿童学习与发展指南 [M]. 北京：首都师范大学出版社，2012.

[2] 林崇德. 发展心理学 [M]. 北京：教育出版社，1995：150-156.

幼儿园开设体能课的历程及思考

甘　瑾 *[1]

摘要：2018 年，我们在进行幼儿体能测试的时候，发现幼儿体能优秀者占比由 2017 年的 45.7% 下降到 37.3%。分析原因后，我们发动了全园力量，开展幼儿体能课，并逐步在全园班级中推广。在这个过程中，授课武术老师的专业能力得到提升，带动班级教师进行自我反思，幼儿体测优秀率显著提高。针对开展体能课的现状，本文进行了梳理和思考。

关键词：体能测试；体能课；户外体育活动环境；支持策略

一、体能课开设历程

（一）设置传统武术课程

中华武术历史悠久，源远流长。它在增强人们身心健康、培养坚韧不拔的意志品质、传承传统文化等方面有其他体育项目不可替代的作用。对幼儿期进行武术方面的熏陶和教育，可以在培养幼儿亲近、热爱传统文化的同时，切实有效地增强幼儿体质。

我园很早就开设了武术课程，最开始是针对中大班男孩子开展每天 60 分钟的武术课，对增强幼儿体质起到了一定的促进作用。由于武术蕴涵的勇

---

* 作者简介：甘瑾，国家机关事务管理局花园村幼儿园，教师。

敢、坚强、阳刚等特性,武术课给女教师"一统天下"的幼儿园带来了阳刚之气,注入了新的活力。

(二)推行武术体能操

随着时代的发展,我们逐渐认识到,幼儿性别的差异不应由课程来设限,所以我园在日常活动中加入武术体能操,将一些简单的武术动作配合幼儿喜闻乐见的音乐进行编排,如小班《小哪吒》、中班《精忠报国》、大班《中国功夫》等,既能让幼儿潜移默化地感受到武术的魅力,也能帮助幼儿强身健体、塑造性格。

(三)体能测试引发的转折

2018年,我们在进行幼儿体能测试的时候发现,幼儿体能优秀者占比由2017年的45.7%下降到37.3%。这个现象引起了我们的思考:园里开设有武术课、武术操,每天也保证了幼儿户外活动的时间,但为什么幼儿体能仍出现了下降呢?经过调查研究发现,除去天气原因等客观因素,造成上述现象的还有以下三个因素。

首先,从本园幼儿发展特点看,他们大多有优越的成长环境,是家庭的中心。由于父母大多为工作繁忙的国家机关工作人员,照顾他们的任务往往由老人承担,这在一定程度上会因为过度保护造成运动能力不足、身体素质下降。因此,为他们提供果敢体验、加强体能训练显得尤为重要。

其次,从户外环境看,我园户外操场面积不到700平方米,虽然已错开户外活动时间,但操场大多时候仍要同时容纳200多名幼儿。教师既要顾全活动量,也要考虑幼儿安全,二者相互掣肘。

最后,从教师的准备及支持策略看,幼儿园的教育工作者大多为女性。总体说来,女教师更细致、温柔,组织活动时,总会多一些温柔、细心,少

幼儿园开设体能课的历程及思考

一些力量、果敢，这就造成她们在组织活动时总会将确保稳妥、保险放在首要位置。

种种因素年复一年递增，造成了幼儿体能出现下降的现象。那么，能不能充分发掘园内武术男教师的特长，使男女教师的配合发挥出最佳效果呢？

经过走访教师、集体论证和教研，我们决定先在大班开设幼儿体能课试点，由武术教师负责组织。首先，将开设课程的初衷与大家进行了充分的沟通，达成共识：①由保教部门统一制订课表，以班级为单位按规定时间上课；②课程应主要在室外开展；③适时在全园推广开展。其次，针对特定老师的特点，提出要求：①每次活动要进行书面备课，做到心中有目标；②要通过组织体能课，规范自身教育行为，提升专业水平；③体能课主要目标是锻炼幼儿体能，在实施课程时应思考与武术课的异同，凸显二者教育侧重点的不同。

2019年春季开学后，大班幼儿体能课开展起来。由于避开了全园统一户外活动时间，孩子们在宽阔的操场上仿佛小鸟进入了森林、鱼儿游入了大海。在教师的组织下，幼儿自由、自主，在愉悦了身心的同时还发展了体能。相对于女教师，男教师大胆、果敢的特质，也较好地得以体现，与幼儿的互动也较为轻松、愉悦。课上，活动场地如何设置，幼儿有充分的参与权限；操场上闲置已久的轮胎、武术课上的软垫及其他信手拈来的物品，都成为课上的玩具；大家共同参与制订规则，赢了开心，输了也不气馁；有时候，孩子们明明已经累了，但仍然咬牙坚持到最后；教师参与游戏，输了一样受罚……凡此种种让教师们看到了突破因循守旧的瓶颈后的另一方天地。我们多次组织全园教师现场观摩，教师们在提出意见和建议的同时，也对孩子们在体能课中表现出的前所未有的主动积极的态度、浓厚的兴趣进行了反思：为什么我们在组织体育游戏的时候，未见孩子们有如此高昂的情绪？是否我们的要求太高、规则太细、担心太多？作为教师，我们做到放下一切、与幼儿一起充分享受游戏的乐趣了吗？我们真的做到尊重幼儿是学习和游戏的主人了吗？2019年秋季开学后，我们在全园推广开展了体能课，由两位武术老师分担。在2019年年底进行的幼儿体测中，幼儿体能优秀者占比由2018年的37.3%上升到2019年的53.9%，及格率由2018年的17.9%下降到2019年的16.2%。这说明我们的体能课初步取得成效。

二、对幼儿园体能课的思考

从原则上讲，户外体育活动如果是以集体教学的形式进行的，应该不属于户外游戏活动。因为一般来讲，户外游戏活动是自主的游戏活动。

但我们认为让幼儿学习或掌握有规则的游戏，是为幼儿自主合作游戏而准备的，在宽泛意义上仍属于户外游戏活动。所以，户外体育活动与户外游戏活动存在非常大的重叠或融合，但不是所有的体育活动都是游戏活动。就我园体能课的表现形式来看，常常是以游戏活动或自主活动的形式完成的。在体能课中，幼儿特有的感性色彩得到充分流露与释放。体能课不仅为幼儿的模仿与想象创设了充足的空间，而且课程内容的高度自主性与挑战性，也使幼儿探索与冒险的天性得以满足与释放。

（一）体能课的应有理念

1. 以运动为切入点，健全幼儿人格发育

幼儿体能课绝非仅限于身体能力的锻炼，而是蕴含心智、情感乃至个性与品性的教育宝藏。

2. 以渗透的方式，促进幼儿全面发展

体能课的过程是幼儿全身心自主投入的过程，是操作、探索、想象和交往的自主参与的过程。这个过程"支持和满足幼儿通过直接感知、实际操作和亲身体验获取经验的需要"，是幼儿学习与发展健康、语言、社会、科学与艺术等方面全面渗透的过程。

3. 尊重个体差异，凸显教育公平

体能课的空间与材料及其同伴间开放的关系，为每一个幼儿个性化地探索、尝试及自主把握的活动过程和行动方式，提供了最佳的平台与充足的机会。体能课中，每一个孩子都是不同的、具有鲜明个性特质的，每一个孩子都是积极的、自主的，每一个孩子都是"一个都不能落下"的。

4. 解放幼儿，使其成为学习的主人

解放幼儿应当是教师指导的目的与宗旨。幼儿在活动中能否真正自由自主并发展其自由意志，是评判教师指导是否具有专业性的最终依据或指标。

5. 越是远离危险，越是危险处处都在

事实表明，安全与保护的关系并不成正比。幼儿在活动中的冲突，是他们学习与成长的契机与资源。与其让幼儿远离危险，不如帮助他们提高自我保护的能力与意识。

（二）体能课的特点

根据我园体能课实际情况，还应该更进一步强调体能课的重要性。

1. 突出的开放性

充分利用幼儿园户外条件，坚持把握户外体育活动的特点，让幼儿轻松、舒畅地参与体能课程中。

2. 充分的自主性

尊重、信任幼儿，把活动的主动权交给幼儿，同时教师把握好活动的自由、开放与教学的秩序与集中的关系。

3. 对游戏的探索性

创造机会和条件，让每一个孩子都可以创造或表现自己的"最近发展区"。

4. 自然而然的合作性

这里的合作应该包含教师以同伴的身份参与活动，师幼之间、幼儿之间的平等合作，以及共同遵循的游戏规则等。

5. 富有挑战的冒险性

学习并领悟"远离危险，则处处是危险"的内涵，通过运动能力的提升，在提高幼儿身体素质的同时，也使其感受超越自我的喜悦。

（三）体能课的实施要略

（1）环境创设上，注意体现出低结构、多功能、动态性、操作性、个性化、亲自然等特点。

（2）教师指导上，注意把握观察为首，学会欣赏幼儿在前、教师在后，敏锐敏捷、及时出手。

（3）要注意打破以往武术课的诸多局限与弊端：武术课的主题是僵化与机械的，体能课应该是意愿自主与主题生成的；武术课主要在室内开展，空间较为狭隘与封闭，体能课要坚持在室外进行，保证空间开阔与开放；武术课偏重动作技能的练习，体能课应注重游戏性的体验；武术课欠缺运动性，而体能课要具备运动的挑战性与竞争支持。

参考文献

[1] 丁海东. 幼儿园户外游戏活动：价值、趋势、构想 [D]. 福州：福建师范大学，2017.

结合陈鹤琴教育理论，借助绘本提升中班幼儿数学探究的乐趣

刘 倩 *[1]

摘要：绘本以其有趣的童话情景、直观的画面和简洁的语言赢得了孩子和老师的喜爱。利用绘本来开展数学活动，通过有趣的童话情景，巧妙地将数学知识融入绘本故事中，让幼儿在阅读图文并茂的小故事时潜移默化地理解基础的数学概念，不仅可以突显文学作品内涵和幼儿快乐学习数学的双重价值，还能使其产生互为依存和相互推动的作用。陈鹤琴老先生在"活教育"方法论的基本原则中讲道："做中教，做中学，做中求进步。"激发幼儿的兴趣，在兴趣的伴随下动手操作起来，在操作中感受、发展和收获。如何让幼儿在自主探索、动手操作中学习数学，体验学习数学的快乐，如何借助绘本提升中班幼儿数学活动探究的兴趣？本文对此做了研究。

关键词：绘本；数学活动；运用

一、选择适合的绘本，挖掘潜在的数学资源

绘本形象生动可爱、色彩鲜明，让幼儿爱不释手。对他们来说，绘本是认识和开启世界的一个窗口，是帮助幼儿走向成人世界的一个阶梯。每一本优秀的绘本都蕴含了许多教学资源，绘本《首先有一个苹果》，初次看到这本书，

---

* 作者简介：刘倩，北京市东城区崇文第三幼儿园，教师。

就被画面中以"苹果"引发为食物链、这种类似"一物降一物"的逻辑关系所吸引,幽默有趣的故事发展中蕴含着数学经验。基于这样的认识,我们把这样一个"润物细无声"的绘本内容进行了筛选,把内容锁定在了"7"以内的数量,引导幼儿感受故事中"7"以内的数量关系和各种事物之间的联系。

绘本是对孩子进行数学教育的一个好载体,我们可以选择一些优秀的数学绘本来分析和研讨,挑选合适的教学内容,通过将"故事"和"数学"作为两条并进的线索,挖掘数学教育资源并创设数学活动。在设计数学活动时,可以以故事为线索设计教学活动过程。绘本数学活动"螳螂太太的新家",故事主人公螳螂青青,它有一双能干的手,会用图形宝宝做出各种各样的东西。看看它都做了些什么?这些东西是由哪些图形组成的?原来图形宝宝待在一起能变成很多不一样的东西。故事继续发展,青青不但会做这么多东西,它还想到了要给好朋友们做东西。它给瓢虫做了一张椅子,都有哪些图形躲在这张椅子上?请幼儿讨论。它是用了1个圆形和5个长方形做了这张椅子。青青还给小蝈蝈儿做了一辆滑板车,这辆滑板车是用哪些图形变出来的?整个活动都用故事贯穿其中,在故事的发展中蕴含中班数学图形的认知。只有用心去挖掘、不断探究,并相应地拓展、设计活动,才能使绘本充分发挥其多元化的教育价值。

二、在看看说说的绘本情境中"玩"数学

"活教育"有个重要的基础,那就是生活。"活教育"要引导儿童在生活中学习,在生活中劳作,在生活中学会合作、服务和创造。生活是"活教育"的源头活水,而幼儿的一日生活中都是与游戏伴随的。在数学绘本的教学活动中,我们尝试变过去的"老师要我学"为"我自己要学"。改变幼儿的"被动操作模式",让幼儿在玩儿、听故事的过程中不知不觉地操作并掌握要学的知识。遵循由浅入深的教学原则,让幼儿在看看、听听、想想、说说和玩

结合陈鹤琴教育理论,借助绘本提升中班幼儿数学探究的乐趣

玩的轻松气氛中掌握绘本中的数学知识。

绘本《让谁先吃好呢》,故事中出现了6个小动物:它们同时看到了一个滚过来的桃子,都想先吃到这个大桃子。可是,谁也不让,怎么办呢?请小朋友们帮助它们想出一个好办法。小朋友在猜想中尝试按照动物的某一特征进行排序。例如,按个子的高矮、嘴巴的大小、耳朵的长短、尾巴的长短等排序。在绘本故事情节的带领下,小朋友自然地融入数学的排序练习中。整个过程中,他们兴趣浓厚,充分发挥了幼儿的主体性,最终体验到了数学带来的快乐。

值得一提的是,绘本教学中,幼儿学习的兴趣是最重要的。以绘本故事内容创设游戏化的教学情境,不仅可以使幼儿更容易掌握数学知识和技能,还可以"以境生情",使幼儿在活动中能体验到游戏的快乐,自主参与、主动建构;可以使幼儿更好地体验数学内容中的情感,使原来枯燥、抽象的数学知识变得生动形象、富有情趣,在轻松的氛围中达到预期效果。

在数学活动"蜂蜜蛋糕树",通过创设绘本的情节,小熊猫欢欢在从家门口往外走了五步的距离处,埋下了一坛蜂蜜,并在上面撒上面粉和糖,梦想可以种出一棵蜂蜜蛋糕树。这件事让老鼠比斯吉看见了,就找来河马阿力想要一起偷走蜂蜜。可是,他们明明走了五步,为什么会没找到呢?引导幼儿讨论,让幼儿通过模拟的情境,反复地玩弄不同的材料,在游戏中主动学习、探究,发现并验证测量的秘密,让幼儿通过游戏实践来感知"身高不一样,脚步大小也会不一样,那么量出来的距离就肯定不一样"。最后,比斯吉和阿力有没有成功地偷走蜂蜜呢?孩子们又带着问题进入情境。整个活动是多么生动有趣,幼儿边玩绘本边学数学,享受着成功与喜悦。

三、经验迁移,解决实际问题

《3~6岁儿童学习与发展指南》中明确指出数学教育内容是"引导幼儿

对周围环境中的数、量、形、时间和空间等现象产生兴趣，建构初步的数概念，并学习用简单的数学方法解决生活和游戏中某些简单的问题""数学教育必须源于现实，寓于现实，用于现实"。也就是说，在生活中学数学、用数学，陈鹤琴老先生的"活教育"原则中"做中学"就是如此。我们要让幼儿通过有趣的绘本学习，培养他们学习和运用数学的兴趣，以及会用"数学的思维和方法"去解决一些生活中的实际问题。绘本《蜈蚣叔叔的袜子》，从小嘟嘟去探望生病的邻居蜈蚣叔叔展开。小嘟嘟看到躺在床上的蜈蚣叔叔，并从半盖的被子下发现了蜈蚣叔叔有很多很多只脚。蜈蚣叔叔希望小嘟嘟帮忙穿袜子，还要按照蜈蚣叔叔喜欢的方式穿出规律。小朋友们在倾听绘本故事时，很自然地把自己想象成故事中的小嘟嘟，认真地帮助蜈蚣叔叔按照他的要求有规律地排列袜子。数学知识的学习是为了让幼儿以"数学的思维和方法"去解决一些生活中的实际问题。在活动的中间环节，蜈蚣叔叔还希望小朋友帮忙把他的玩具也进行有规律地排列，这样看起来既整齐又美观。幼儿把图片上排列袜子的经验迁移到了自己手里的材料上。袜子有不同的颜色易于排列，一种材料颜色相同，怎样可以排列出规律呢？这也是验证幼儿对于规律排列的掌握程度。幼儿在故事中情节的牵引下，把同一材料改变摆放的方向做出了规律排列。活动的最后，幼儿和蜈蚣叔叔一起跳起规律的拍手舞来，尽情享受数学规律排序给生活带来的乐趣。

绘本能让儿童在有意义的情境中使用并拓展数学知识。在生活中，其实不难发现有很多东西是要唯一答案的，但也有很多是要我们去估计一下有哪些可能的，所以我们从幼儿的思维经验上，以绘本《蜘蛛和糖果店》引发设计出了有情景性的估猜数学活动，以蜘蛛猜测顾客来糖果店买什么糖的故事，让幼儿根据已有的数学经验去猜测、估计，大胆表达自己的想法，体验估猜生活中事件发生可能性的乐趣，让幼儿在做中学到更多的解决问题的方法，在做中丰富更多的经验，在做中收获成长。

四、小结

陈鹤琴先生的"活教育"原则为我们在数学教学活动中如何激发幼儿的兴趣,提升幼儿自主探究的能力,做了很好的方向性引领。结合陈鹤琴老先生"活教育"的原则,借助绘本的形式,将生活中最初浅的、最好玩的、最实用的数学知识和数学概念,都蕴藏在美妙的故事中,用生动有趣的故事情节,优美的画面和简洁的文字,将抽象的数理知识蕴涵在其中,让幼儿轻松地获得知识。绘本在数学活动中运用,不仅能让我们深刻地感受到绘本的魅力,也提高了数学活动的教学效率,为孩子们开心、快乐地学习创造了一个更广阔的空间。

参考文献

[1] 陈鹤琴. 陈鹤琴全集(第1卷)[M]. 南京:江苏教育出版社,2008.

基于幼儿生活经验开展社会实践活动，促进大班幼儿自主交往能力发展

金 东 *[1]

摘要：5~6岁的幼儿是获得有效交往技巧的关键期，良好的同伴交往有利于促进幼儿的社会性交往的发展，是幼儿社会化的重要途径。但是，实际上大班幼儿还存在胆小、孤僻等缺乏自主交往能力的现象。基于幼儿生活经验开展社会实践活动，适合幼儿园大班小朋友的特点，可以帮助幼儿在实践中学会沟通、学会理解他人与大家友好相处。

关键词：社会实践活动；自主交往能力

一、研究的背景

（一）选题缘由

1. 培养幼儿自主交往能力发展的价值

交往能力对一个人一生的发展都有重大的影响，而5~6岁的幼儿是获得有效交往技巧的关键期。良好的同伴交往有利于促进幼儿社会性交往的发展，培养幼儿良好的交往能力意义重大。

---

* 作者简介：金东，北京市东城区崇文第三幼儿园，教师。

2. 大班幼儿自主交往的现状与问题

现阶段大班幼儿还是以独生子女为大多数，他们缺乏游戏伙伴，存在胆小、孤僻、怕困难、不敢主动要求参与其他小朋友的游戏等交往中的障碍。

3. 社会实践活动是促进幼儿自主交往能力发展的有效途径

通过开展社会实践活动的研究，可以帮助幼儿在活动中按照自己的想法大胆地进行活动，大胆地选择合作伙伴，大胆地选择自己喜欢做的事情，大胆地选择自己喜欢的表达方式，在无拘无束的活动中逐步提升幼儿自主表达和自主交往的能力。

基于以上思考，我们以大班组幼儿为研究对象，开展基于大班幼儿生活经验的社会实践活动，激发幼儿在实践活动中的积极性和主动性，促进幼儿自主交往能力的发展。

（二）研究意义

从幼儿生活经验出发，开展社会实践活动促大班幼儿自主交往能力发展，不仅能够很好地弥补当今幼儿园活动内容和活动形式的不足，还可以帮助教师在这一过程中梳理开展社会实践活动以促进大班幼儿自主交往能力的方法和策略。

二、国内研究现状

（一）幼儿园社会实践活动在教育中运用的研究

国内同行分别从家园合作、活用社区资源及如何组织幼儿园社会实践进行了研究，挖掘出了从组织形式到活动内容及教师指导的方法和策略。

（二）幼儿自主交往能力的培养

崔伏娟在《在角色游戏中培养幼儿交往能力的应用策略》中分别从创设环境、科学指导、跨班级游戏和游戏评价，总结出培养幼儿同伴交往能力的四点策略[1]。同时，张满香在《浅议如何在角色游戏中培养幼儿的同伴交往能力》中指出，角色游戏对培养幼儿同伴交往能力的作用[2]。

（三）用社会实践促幼儿交往能力的研究

用社会实践活动促进幼儿交往能力在此前的研究中还没有发现。但通过阅读文献资料发现，同行对自主游戏开展了多项研究但是对开展自主交往的研究是少之又少。本文的研究可以弥补此前研究中的不足。

三、概念界定

（一）社会实践活动

幼儿园中的"社会实践活动"是教育教学内容的重要组成部分，也是课堂教学的延伸。在本文中，社会实践活动特指幼儿在幼儿园以外的活动。它可以是教师组织的，也可以是幼儿通过协商自行组织的，如外出参观、对外访谈等形式。

（二）自主交往能力

交往能力是一种综合能力，是幼儿平日在社会实践积累的结果。它包括幼儿的合作能力、人际交往能力、与周围人相互交流信息和交流情感的能力。在本文中，自主交往能力更加强调自主，即按照幼儿的想法和意愿进行交往。

四、研究设计

（一）研究目标

（1）构建以儿童感受与体验为活动内容的社会性主题活动，提升教师开展社会实践活动内容的方法和策略的能力。

（2）以生活化的方式满足幼儿社会性学习发展需要，促进大班幼儿社会交往能力的发展。

（二）研究内容

（1）基于幼儿生活经验开展社会实践活动，提升大班幼儿自主交往能力的组织形式的研究。

（2）基于幼儿生活经验开展社会实践活动，提升教师指导策略的研究。

（三）研究方法

1. 行动研究法

在研究过程中，通过不断的反思—实践—再反思—再实践，呈现螺旋上升的态势，最终形成具有一定研究价值的研究成果。

2. 案例研究法

以实践过程中的典型案例为素材，通过具体分析、解剖，促使教师在真实的教育场景中寻求开展幼儿自主交往的有效方法。

3. 文献法

查阅相关文献，对幼儿园开展自主交往、社会实践活动及用社会实践促幼儿交往能力相关研究进行了解。

五、研究过程

（一）任务单——有准备的活动，促幼儿增加自信

1. 走进博物馆，真实地去发现

大一班老师一直在思考如何给予大班孩子一些挑战，让他们通过努力寻找到有关博物馆的秘密。于是，在参观博物馆前，每个孩子都领取了一张任务单——找找图中的展品藏在哪？在家长的陪同下，孩子们按照事先了解的

方法，在博物馆里进行寻找。回到幼儿园后，"大一班彩色博物馆"准备工作也在马不停蹄地进行着。在博物馆的揭幕仪式上，很多爸爸妈妈也来到班上进行参观，大家以小组为单位分别为参观者进行了青花瓷工艺、扇面绘画、剪纸工艺和面人制作的展示并邀请爸爸妈妈在品茶中体会茶艺文化。在这个活动中，孩子们用涂写的形式向外界传递着信息，自主表达想法的能力提升了；在展示过程中，他们默契配合，合作能力提升了。这些能力都是孩子们应具备的重要的交往能力。

2. 走进图书馆，真实地去体验

为了丰富幼儿对图书馆的了解，大二班的老师邀请爸爸妈妈和孩子们一起来到首都图书馆参观。老师们提前设计了任务单，孩子们带着任务，跟随着老师一起参观图书馆。回到幼儿园后，孩子们在活动区里开展了"借书角"游戏。在游戏中，孩子们懂得了集体的力量是无穷的，只要每个人都在集体中都付出力量，就没有做不好的事情。

（二）调查表——协商合作，促幼儿主动交流

走进北京植物园。春天来到了，大四班的孩子们拿着事先设计好的调查表来到了北京植物园，他们准备合作来完成今天的调查任务。大家一边讨论一边记录，寻找植物的秘密。回到幼儿园后，越来越多的孩子在区域游戏时愿意来到美工区制作自己喜欢的花朵。如何能让其他班的小朋友们也能用到这些好看的花朵呢？就这样，"大四班百花香"花店开业了！这个活动帮助孩子们脱离了自己班级这个"小集体"而走进了幼儿园"这个小社会"，他们通过询问、预订、制作和配送这些环节，大大提升了自己的处事能力及交友能力。

（三）志愿者体验——尊重接纳，促幼儿自主交往

"体验"是一种非常重要的学习方式，教师在适宜的时候组织内容丰富、形式新颖的社会活动，对促进幼儿自主交往能力是十分必要的。

1. 体验小老师，太阳村活动

大班的小志愿者们来到太阳村，看着这里简陋的环境感触颇多。回到幼儿园后，嘉嘉对小朋友们说："那里的小朋友看不见爸爸妈妈，他们都住在学校里不能回家，真可怜。"听了嘉嘉的话，很多孩子都希望下一次自己也能有机会和那里的小朋友一起做游戏，把自己的爱心献给太阳村的小朋友们。

2. 垃圾分类，做环保小卫士

当今社会大力倡导垃圾分类，大四班的孩子们也希望能够开展一次垃圾分类的宣传活动。于是，孩子们戴上"环保小卫士"的绶带，来到社区为周围的居民进行环保宣传。在这样的活动中，孩子们表现了自己、展示了自己，体验了作为一名志愿者的光荣。

在开展社会实践活动以提升大班幼儿自主交往能力的研究过程中，我们尝试运用了以下三种策略。

（1）情感预热策略，促进幼儿沟通情感的能力。我们以丰富的社会生活为内容，引导幼儿亲身参与社会实践活动，以情导行开展社会实践活动，提高幼儿自主交往能力。

（2）任务驱动策略，提升幼儿主动获取信息的能力。我们和幼儿寻找共同感兴趣的话题并作为切入点，通过激发幼儿内在的驱动力，唤起他们想要自主交往的意识。

（3）言之有物策略，激发幼儿言语沟通的能力。通过幼儿共同感兴趣的话题让幼儿愿意说，通过预设活动问题让幼儿有的说，通过借助材料让幼儿敢说，通过小组讨论让幼儿想说，帮助幼儿在多种活动中提升言语沟通的能力。

参考文献

[1] 崔伏娟.在角色游戏中培养幼儿同伴交往能力的应用策略 [J]. 环渤海经济瞭望，2016（5）.

[2] 张满香.浅议如何在角色游戏中培养幼儿的同伴交往能力 [J]. 幼教园地，2015（10）.

在面对面沙龙互动中引领家长真实应用陈鹤琴家庭教育原则

赵 萍 *❶

摘要：陈鹤琴老先生的《家庭教育》一书，对于幼儿园、家庭开展有质量的家园陪伴，具有实践指导意义，是一本很好的工具书。我园肩负着传承发扬老教育家思想的重任，为每一名家长发放了《家庭教育》一书，与家长共读101条家庭教育原则。本文深入分析家庭教育现状及家长的困惑与需求。本文以家长困惑是根源、共同阅读是核心、案例分享是亮点、实践应用是根本的"四个做法"为线索，带领家长在面对面沙龙互动中深入理解每一种做法的背景和意义，让家庭教育深入每一个家庭，让家长更懂孩子，让孩子更被尊重、更快乐地成长。

关键词：沙龙；面对面互动；引领家长；真实应用原则

2015年10月20日，教育部印发的《教育部关于加强家庭教育工作的指导意见》中讲到家庭教育极为重要，家庭教育与学校教育能否密切配合，将对学生的和谐发展产生深远的影响。2021年10月23日，全国人大通过了《中华人民共和国家庭教育促进法》，重建教育生态，家庭、学校和社会一体联动的鲜明政策导向和价值取向，引起广泛关注。

---

* 作者简介：赵萍，中央军委机关事务管理红星幼儿园（丰台园）教学副院长，高级教师，从事健康、语言和家园共育等领域研究。

目前，可以提供专业家庭教育指导的书籍较少。陈鹤琴著的《家庭教育》一书，着重提到做好家庭教育工作的重点是家长观念的转变，倡导家长要多学习、多实践。陈鹤琴在长期教育实践中一直把家庭教育放在重要地位。他提出："儿童教育是幼稚园、小学和家庭共同的责任""幼稚园是改造家庭的助手""社会、学校、家庭三者要相辅而行有机联系"[1]。他通过亲身实践得来的101条家庭教育原则，涉及普通教导法、卫生习惯、游戏与玩物等，适合我国国情，具有可操作性，堪称家教经典。

目前，很少有幼儿园真正去学习、借鉴应用其优秀的家庭教育原则。我园深入分析家长家庭教育现状、了解育儿困惑，为每一名家长发放《家庭教育》一书，在面对面沙龙互动中引领教师、家长共读。沙龙是一种比较亲密、轻松，能近距离有效互动的家园沟通形式。以101条家庭教育原则为中心，家长与教师聚集在一起，展开无拘无束、各抒己见的学习与探讨，将对书中原则的认知、实践发现进行分享，最终达成共识，从而更好地应用于实践。

一、家长困惑是根源

每一次沙龙主题，我们都依据问卷中家长感到困惑、共同关注的问题来确定。我们首先要找到沙龙主题与《家庭教育》原则内容相对应的地方，再查找相关理论依据、论述和案例，进行理论武装。家长要去回忆、收集自己针对这一问题在家中的教育实践案例，可以是成功的、科学的，也可以是不成功、有困惑的案例。沙龙中最有价值的就是家长在育儿实践中的真实案例。家长是在专业或不专业的背景下对幼儿实施着科学或不科学的教育陪伴，把这些例子围绕沙龙主题，有选择地带来与大家分享，是最有价值的。

我们先后开展了以下活动。

单一班沙龙：中三班主题"幼儿生活自理能力培养"。

平行班之间：大二、大四班共同主题"大班幼儿入学准备的自理能力——拖拉现象的克服"开展沙龙；小五、小六班共同主题"小班幼儿生活自理能力"开展沙龙。

优势：针对同一主题，对照陈鹤琴家庭教育原则，在同一年龄段家长中深入细致探讨，收获来自多个家庭的思考与做法，再将做法丰富，使之具有时代性。

三个年龄班混班之间：小五、小六、中三、大二、大四共同就"幼儿专注力培养"这一主题内容开展探讨。

优势：针对同一主题，能够看出在小、中、大不同年龄段幼儿发展差异、纵向发展轨迹及家长家庭指导策略差异的对比，能有一个连续有效的验证及比较和递进的过程。

二、共同阅读是核心

在全民阅读的大环境下，我们努力创造阅读氛围。现在家长、教师都很忙，能够每天固定时间静下来专注阅读的人少了。《家庭教育》一书是陈鹤琴老先生在1921年出版的，里面有许多家长不易读懂的文字。如果家长没读懂就不能真正理解陈老先生的真正用意。所以我们每一次都要带着家长来完整的阅读每一个原则，有齐读和领读，目的是要家长明确原则呈现结构及说明的观点，正确领会每一条原则的含义和做法。每一次共读氛围都很好，家长都能感受时代文字的魅力、感受陈老的教育智慧、感受自己肩负的责任。当产生分歧时，大家共同思辨，越读越能感到这本书的魅力及力量，使我们研究的脚步更加坚定。

三、案例分享是亮点

每一次我们都精心选择沙龙参与人员，每一次我们都一一斟酌沙龙主题、目标和过程，目的在于产生更好的效果。现在家长的学历层次及对教育的关注程度逐渐提高，许多家长在沙龙中都进行了非常专业的分享，尤其是家长在家中与孩子互动成长的案例，是我们沙龙活动的亮点，也是我们课题研究的核心。大家共同营造尊重、平等的家园共育氛围。

家长会就一个帮助幼儿克服起床拖拉现象，说出许多生活中的小案例，案例背后展现出家长的教育智慧。例如，有的爸爸会晚上临睡前和幼儿一起策划明早偷偷为妈妈准备早餐的内容，父子俩每天坚持，体现了父亲的责任和担当，激励幼儿每日早起不拖拉。有的家长会和幼儿在周末晚上挑出下一周每天要穿的漂亮衣服，排好顺序，利用女孩爱美的心理，激发她早起的动力。还有的家长为培养幼儿的专注力，会和幼儿一起专注阅读、画线描画、做数独……在这些案例交流后，教师带领家长将案例、经验做法进行分类梳理，有时还聘请专家进行理论提升，让家长看到自己的成长与智慧，每个人都在沙龙中收获多多，信心满满。

四、实践应用是根本

我们把沙龙中获得的经验用以指导成长，让家长对照陈鹤琴老先生的《家庭教育》原则，去调整丰富，把与时代顺应的内容保留下来、与时代脱节的内容进行改进，还让家长坚持在家中进行实践，记录幼儿表现，撰写自己的问题建议。家长非常认真，慢慢地，他们更加了解并能读懂自己的孩子，并施以有效的教育引导，为孩子在家中创设良好的教育成长环境。

一位爸爸在学习随笔中写道："从翻开《家庭教育》第一页开始，我只用了一天的时间就通读完了全书，内心澎湃，感受到了陈老写书时的优雅，感受到了他一点一滴的家庭教育与生活，感受到了他对全社会的责任。我们能否在孩子的问题上放慢脚步，能否用"爱"来体会教育？我们能否在教育孩子的问题上付出更多，通过自己的改变从而让孩子变得更好呢？消除自己的烦躁、改掉自己的坏习惯、放下自己的琐事，循循善诱，使自己成为孩子学习的榜样。孩子是我们需要用一生去爱的人，是值得我们做出这些付出的人。我们能否放下自私的爱，不让孩子变成我们想象的孩子，而变成一个善良、性格完善、有能力为社会做贡献、一个真正优雅的孩子？我们将一起分享、一路同行，一起用推动摇篮的手推动世界。"很感动的一段话，许多爸爸都以陈鹤琴老先生为榜样，决心为孩子的成长投入更多时间和精力，做更多的改变。这让我们看到自己与家长共同研读陈鹤琴老先生《家庭教育》的温度与力量，看到家长在实实在在地应用陈老的家庭教育原则，我们将继续与家长同行。

这只我们迈出的第一步，看到家长收获的喜悦、看到家长期盼的眼神，我们感受到肩负责任的重大，读透、用透、发扬好，创新、补充、完善好，这将是我们今后前进的方向。我们将努力与家长共研读、共实践，为传承陈鹤琴老先生的家庭育儿理念、提升幼儿园家园共育工作质量，贡献我们的智慧和力量！

参考文献

[1] 陈鹤琴. 家庭教育 [M]. 上海：华东师范大学出版社，2013.

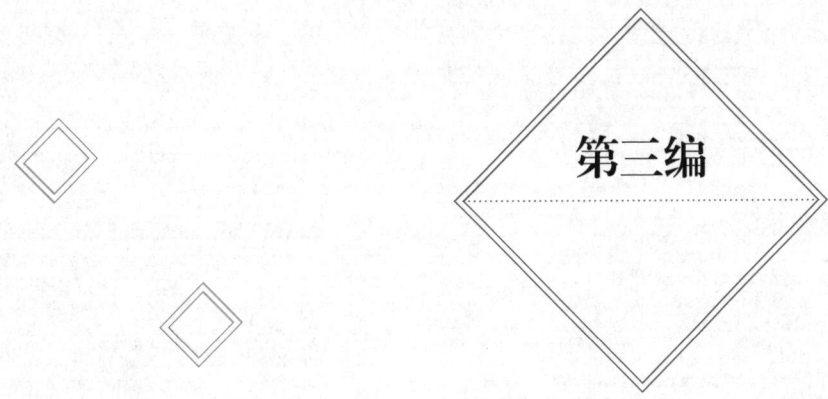

第三编

"活教育"活动案例

第三章 同居伙伴"有效率"

大班家长沙龙活动：起床不拖拉

张桂华 *[1]

一、活动来源

陈鹤琴先生撰写的《家庭教育》一书早在1921年就开始对家庭教育研究和实践进行了总结。通过亲身实践得来的101条家庭教育原则，适合我国国情，当今时代仍有很强的针对性和可操作性。大班幼儿即将升入小学，一些家长发现孩子在家做事情拖拉，尤其在起床问题上表现突出。到底是什么原因造成幼儿起床拖拉？怎样改变现状？家长非常希望获取直接有效的教育方法。

在此次活动中，利用"家长沙龙"这一小型家长会的形式，在教师牵头下，让关注同样问题的家长展开讨论，分析造成幼儿起床拖拉情况的原因，找到解决问题的方法，帮助幼儿改正起床拖拉磨蹭的习惯，提高科学的育儿水平。

1. 活动目标

（1）分析导致幼儿起床拖拉现象的原因，并找到相对应的解决办法。

（2）补充陈鹤琴家庭教育原则，使其具有时代性。

2. 活动难点

理解并迁移陈鹤琴家庭教育原则经验，找到提高幼儿独立生活能力的方法。

---

* 作者简介：张桂华，中央军委机关事务管理总局红星幼儿园（丰台园），高级教师。

3. 活动准备

（1）经验准备。阅读理解《家庭教育》一书"卫生上的习惯"原则一的具体事例；教师收集家长对幼儿起床拖拉现象的困惑，找到亟待解决的问题。

（2）物质准备。与参加活动人数相应的桌椅；准备记录的纸、笔。

二、活动过程

（一）教师介绍沙龙主题

教师：幼儿即将升入小学，如何做事不拖拉成为家长非常关注的问题。我们收集了家长们的困惑，今天一起分析探讨，寻找解决方法。我们先学习陈鹤琴先生对待孩子起床穿衣服拖拉现象的解决方法。

（二）集体学习：陈鹤琴《家庭教育》一书 中"卫生上的习惯"的内容

陈鹤琴《家庭教育》一书中提出："小孩子不肯穿衣服时，我们最好用诱导的方法去叫他穿。"

1. 讨论：事例讲了哪几方面的问题

小孩子早晨不肯穿衣服，拖拖拉拉，尤其是在寒冷的天气时。

2. 陈老先生列举哪些解决问题方法

（1）不可取的方法。用高压手段压服他；用食物引诱他；打骂他。

（2）正确方法。尊重孩子，诱导孩子穿衣服；诱导无效时，应严肃告诉给幼儿现在就应该做这件事情；用适宜的方法循循善诱，让小孩子高兴地去做这件事情。

（三）互相交流：在家中幼儿起床拖拉的各类现象及解决方法

教师：家长反映幼儿起床做事拖拉，主要表现为早晨起床叫不醒孩子；孩子醒了穿衣服特别慢；有的起床挑衣服，好好劝说不行，只好给他强行穿上，闹得大人和孩子情绪都不好。

1. 互动讨论

家长 A：我们是带孩子头一天晚上看天气预报，给她讲这个温度应该穿什么厚度的服装，然后和她一起准备好，这样早晨就不会出现挑衣服的情况。孩子偶尔耍赖不穿时，我们就会告诉她："这是你自己挑的，只能穿这些。"

家长 B：孩子挑衣服这件事还要再想想，是不是家长给准备的衣服款式太复杂，孩子穿起来很费劲所以才不愿意穿。

家长 C：生气、大声呵斥对待孩子是不可取的，不能因为孩子穿衣慢使自己上班要迟到而迁怒孩子。小孩子不明白家长为什么这样，学来的是家长生气时是这样对待我的，我生气时也用这种方法对待别人。就像陈鹤琴先生说的，当诱导不行时要严肃地告诉孩子正确的做法是什么。严肃不代表是言语上的不尊重。

家长 D：家长是不是做事拖拉的人。陈鹤琴先生在书中说："习惯是一种自然地不假思索的、不知不觉的行为。"孩子拖拖拉拉的行为还可能与父母自身的行为有关。有些父母平时喜欢边吃饭边看电视或报纸，有些父母也会因为疲倦或懒惰而拖延该完成的工作，这些行为都在潜移默化地影响孩子，非常容易使孩子养成做事情拖拖拉拉的不良习惯，导致孩子一边穿衣服一边玩。所以，父母不妨先自我检讨，为孩子做个好榜样。

家长 E：要考虑到孩子有一个唤醒时间，提前放她喜欢的音乐、故事，孩子听到后会自然醒来。大人和孩子一边说着话一边穿着各自的衣服，这样跟孩子有语言上的沟通、感情上的交流，孩子就能很快地穿好衣服。

家长F：树立比较的对象，在比照中养成好习惯。比如，和孩子约定，由一名家庭成员爸爸或妈妈来当监督员，每天记录按约定将事情完成得最好的家庭成员，周五晚上总结。谁做得最好，谁就有优先选择安排周末一天活动的权利。

家长G：起床穿衣做事慢，除了孩子磨蹭，一部分是家长催出来的，催促起了相反的效果。起床时，家长说着"快点，快点"，孩子理解要快些穿，但时间长了，孩子养成了等待大人催促的习惯。催促的事情是紧急的，不催促的事情可以慢慢去做。家长不可能天天去催促，不催时，孩子就放松了，慢慢地做事情。所以，家长要改掉唠叨的毛病，对孩子要求要简单明了。

家长H：我们家孩子起得很早，做事慢，没有时间观念，缺乏紧迫感。我带他买个喜欢的小闹钟，帮他认识钟表。让他知道钟表上的长针走一圈是一分钟，也就是长针每走一圈一分钟就过去了，再也没有了。我告诉孩子做事要是拖拖拉拉、磨磨蹭蹭的话，一分钟一分钟的时间就丢掉了。我们一起商量着制订一个一日活动时间表，并认真执行。周末的时候，让他亲身体验如果洗漱、吃饭慢了，就会耽误玩游戏和看电视的时间。这样做也能增强孩子珍惜时间的观念和积极性。

家长I：我们要考虑孩子的需求，孩子是否能跟上大人的节奏。制订计划时，先分清哪个是孩子的节奏，哪个是大人的节奏，按照各自的节奏制订计划，再把两个计划放在一起，找到共融性就是协作问题，很多事情要换位思考。

2. 教师小结

孩子们面临入小学，按时起床、有序做完事情很重要。在提升穿衣服、刷牙等生活自理能力方面，父母要以身作则成为孩子的榜样，同时还要换位思考。考虑到孩子的年龄特点和爱玩儿的天性，应多与孩子做一些小的竞技游戏，像比赛谁穿衣服穿得快、谁洗澡洗得快等。通过这些小比赛，父母可以在过程中随时指导孩子穿衣、盥洗等"自己的事情自己处理"的技巧，以及如何利用做事的先后顺序来提高效率、安排时间等。就像陈鹤琴老先生所说，以小见大，从起床穿衣这件小事培养幼儿的独立生活自理能力、时间观念、做事情的计划性。帮助孩子改正起床拖拉磨蹭的习惯，首先是定规矩，以身作则；其次是让自然后果教育孩子；最后是激发好胜心，在"比试"中改掉拖拉的毛病。

（四）补充陈鹤琴家庭教育原则，使其具有时代性

补充陈鹤琴《家庭教育》一书"卫生上的习惯"原则一：小孩子不肯穿衣服时，最好用诱导的方法去叫他穿。

1. 补充一

小孩子多多少少会有拖拉现象，若能让孩子自己承担不良行为的后果，则会比家长说教更有效。

2. 补充二

家长要有养成专时专用好习惯的意识，这样就会减少孩子拖拉行为的产生。

活动反思：本次活动贴近家长生活，来自幼儿在家庭中常出现的问题。首先带领家长学习陈鹤琴《家庭教育》一书"卫生上的习惯"原则一：小孩子不肯穿衣服时，最好用引导的方法去叫他穿，一起分析总结出陈老先生解决问题不可取的方法和正确方法。组织家长们讨论现代家庭中幼儿起床拖拉现象的原因，迁移陈老先生的教育经验，找到解决方法，并补充陈鹤琴家庭教育原则，使其具有时代性。

活动点评：教师运用家长沙龙形式，以班级幼小衔接中幼儿存在共性问题为切入点开展讨论，引导家长真实理解应用这些原则。问题选择对接幼小衔接家长的迫切需求，活动设计环节清晰、层层递进，以读懂书中原则，理解教育价值，并以生活中的真实案例与原则阐述类型一致来激发家长的踊跃发言及探讨。与陈鹤琴先生的教育事例对接，以家长之间分享自己不同好方法的方式，找到一个家庭解决拖拉现象最适宜的多种有效的教育策略，从而达到补充陈鹤琴家庭教育原则使其具有时代性的目的，惠及更多家庭。

中班语言活动：滴滴打车游北京

赵 军 *❶

一、活动来源

除了家和幼儿园，幼儿周围的环境是他们最熟悉的。我园大部分幼儿从出生以来，就生活在北京这个大城市，他们为生活在中国的首都北京而感到自豪，渴望用自己的方式来认识和了解这块养育他们的土地，了解它的古老和文明，了解它现在的强盛和辉煌，激发把北京建设得更加美好的情感和愿望。

活动目标：通过介绍北京的景点，感受北京名胜古迹的魅力，激发幼儿爱北京的情感。了解自己的生活环境，能用语言或其他方式清楚地介绍景点的特征，萌发幼儿身为北京人的自豪感。

活动重点：通过语言表达，向大家介绍自己去过的北京名胜古迹。

活动难点：能用自己的方式，如图片、模型等让小伙伴听懂自己介绍的景点。

活动准备：① 经验准备——游览过一些北京的景点，活动前和家人一起搜集相关景点的资料；② 物质准备——滴滴汽车纸盒模型、北京各大景点图示、旅游路线图。

---

* 作者简介：赵军，北京市东城区安乐幼儿园，从事教科研工作。

二、活动过程

（一）畅所欲言，北京景点知多少

（1）请幼儿自由交流搜集来的有关北京景点的资料。

（2）教师巡回指导，有目的地倾听。

（此环节是家园共同搜集资料后的展示环节，让幼儿能够畅所欲言，将自己和家人一起搜集来的资料进行大胆地讲述。教师在活动前会通过调查方式锁定5个幼儿经常去的景点，请幼儿自主选择要介绍的景点内容，并有目的地进行资料准备。）

（二）重新结组，资源互补

（1）介绍相同景点的幼儿重新结组。

（2）同组幼儿分别说说自己搜集来的资料，相互补充说明，使景点的特征、内容更加丰富。

（这里让介绍同一个景点的幼儿重新进行组合，能够更加有目的地进行景点介绍，大家在相互交流的过程中能够更加有针对性地进行资料的补充和完善。同时，要注意引导幼儿如何能将景点介绍得更加清晰。可以通过图片展示、视频播放等形式，展示幼儿在家与家人共同搜集来的资料，使活动内容更加生动、全面。）

（三）游戏：滴滴打车游北京

（1）出示旅游路线图，教师扮演滴滴打车的司机，幼儿扮演小导游，开始游览。（旅游路线图的景点方位是按照真正的方位等比例绘制而成的，具有科学性，给幼儿更加直观、具体和正确的方位感知。）

（2）到达第一个景点——天坛。介绍天坛景点的幼儿向大家介绍、展示。

（3）小问号环节。其他幼儿有想要继续了解的，可以通过提问的方式向小导游询问，小导游负责解答。

（4）依次介绍其他景点的相关内容。（以角色扮演的方式激发幼儿的游戏兴趣，让幼儿能够依次展示自己了解到的相关景点知识。在小导游介绍后，其他幼儿可以通过小问号的形式向小导游发出求助。幼儿在解答新问题的同时，也会将景点介绍得更加丰富，同时这个过程也调动了倾听幼儿的专注性和积极性。）

（四）搜集整理资料，共同梳理

今天，我们都到哪个景点旅游了？除了你自己介绍的景点，你最喜欢哪个景点？为什么？（随着幼儿说到哪个景点，在旅游路线图上就圈出哪个景点。）

其他小朋友对这个景点有什么补充吗？（将幼儿所说的内容用简单的符号记录下来，帮助幼儿梳理经验。）

旅游结束后，大家进行休息回顾。教师以提问的方式引发幼儿再次表达的愿望和机会。

（五）预留任务

下次活动时开展介绍北京小吃的活动。

三、活动反思

滴滴打车是现实生活中存在的一种便利的交通形式，也是幼儿在生活中比较熟悉的，具有一定的生活经验。因此，在本次语言活动中，通过"滴滴打车"的游戏形式，让幼儿运用语言等不同形式来介绍北京的名胜古迹，让幼儿在司机、导游的角色扮演中相互介绍身边的生活环境，以及北京的美好建设，从而激发幼儿爱北京、爱祖国的情感。活动的最初环节是家园共同搜集资料后的展示环节，让幼儿能够畅所欲言，将自己和家人一起搜集来的资料进行大胆讲述。在接下来的环节中，引导幼儿重新结组，把介绍同一景点的幼儿重新组合，可以通过图片的展示、视频播放等形式，展示幼儿相互之间不同的介绍内容，使活动内容更加生动、全面。随后环节，以角色扮演的方式激发幼儿的游戏兴趣，让幼儿能够依次展示自己了解到的相关景点知识。同时，通过小问号的形式向小导游发出求助，在解答新问题时，将景点介绍得更加丰富，调动倾听幼儿的专注性和积极性。最后的环节是大家一起回顾今天所介绍的不同景点特征，梳理这些名胜古迹的不同特点，再一次把活动推向高潮，激发幼儿为生活在中国的首都北京而感到自豪的情感。整个活动培养了幼儿的语言表达能力，同时通过游戏、体验、记录、讨论、观看图片和分享视频等多种形式进行体验式学习，提高幼儿清晰表达、思维整合能力，从而使幼儿感受到北京名胜古迹的魅力，激发幼儿爱北京的情感。

四、活动点评

"滴滴打车游北京"活动组织环节清晰、层层递进，使幼儿在玩中学、玩中思、玩中说，重表达、强感受。在活动过程中，以情景游戏引发幼儿兴趣，通过滴滴打车的角色扮演引发幼儿的学习热情，请幼儿当小导游进行介绍，增加活动的游戏性和趣味性。活动环节层层深入、内容充实，每一次交流都在不断深入和完善所介绍的景点内容。活动形式凸显自由选择、充分表达。活动前，征求幼儿的意见，以幼儿的实际经验出发，确定幼儿熟悉、喜爱的5个景点。活动中能够根据自主阐述、同伴补充、小问号提问等形式丰富幼儿对所选景点的认识和了解，为自主表达奠定知识储备。同时，教师也在整个活动中充当指引者，将表达的权力充分交给幼儿。在活动的最后，教师通过预留任务、激发愿望，将"我眼中的北京"做成系列的主题活动，结合北京小吃、京剧艺术、民间运动等板块，继续以家园共育的方式，调动幼儿继续参与的热情。

大班科学活动：真假小青蛙

王玉娜 *❶

一、活动来源

春天到了，很多孩子都和爸爸妈妈去春游。在户外探索的过程中，孩子们发现了池塘里的小蝌蚪，于是对蝌蚪产生了浓厚的兴趣。从环保的角度上讲，我们没有让孩子们在野外捕捉小蝌蚪，所以也没能在班级里饲养，但是从图书资料和视频资料中，还是能够找到许多有关蝌蚪的知识。孩子们找来了《小蝌蚪找妈妈》的绘本图书，这是一个中国经典的儿童故事，从"70后"到"00后"几代人都是听着这个故事长大的，非常具有中国特色。整本图书都是以水墨画呈现的，水墨之间的浓墨淡彩，让故事中的各个小动物灵动可爱、栩栩如生，传神地展现出了水上、水下的自然场景，也充分展示了中国水墨的优美意境。

故事围绕小蝌蚪找妈妈的过程展开，在小蝌蚪在不断询问、寻找、观察和发现的过程中，带领小朋友们不断丰富着对小池塘的了解；同时，也让青蛙妈妈的形象层层递进清晰起来。小动物间的对话采取重复的模式出现，让孩子们很快能够跟随复述，并在固定的模式下为对话内容补充信息，引领着孩子们认识故事的新角色。总体来说，这样的叙述形式是非常符合孩子年龄

---

* 作者简介：王玉娜，中央军委机关事务管理红星幼儿园（丰台园），保教干事，高级教师，主要从事健康、语言领域的研究工作。

图1 《小蝌蚪找妈妈》绘本图片(一)

特点的。读过故事之后,孩子就能够非常自主地叙述重复的对话部分,随着故事情节的熟悉,很快便可以看图讲述。

从科学角度上看,由南方出版社出版的这本《小蝌蚪找妈妈》的图书价值更是不可小觑(见图1)。众所周知,小蝌蚪找妈妈的故事本来就是利用童趣的方式展现青蛙的动态发育过程。同时,故事角色的出现让孩子们了解了小池塘里其他动物的外形特点及简单习性。但是,这本书中也存在一个不科学的问题,那就是癞蛤蟆(蟾蜍)和青蛙的区别。按照故事中关于蝌蚪的描述,这个故事中的小蝌蚪应该是找错了妈妈,它们的妈妈是癞蛤蟆。结合这个契机,我们本着为传统故事纠错的思路带领孩子阅读,同时,也让孩子感受文学作品和真实科学的距离。为此,我们开展了科学活动"真假小青蛙"。

活动目标:喜欢了解关于小动物的自然知识;知道青蛙宝宝与癞蛤蟆宝宝的不同之处;初步理解故事与科学的不同。

活动重点:知道青蛙宝宝与癞蛤蟆宝宝的不同之处。

活动难点:初步理解故事与科学的不同。

活动准备:①经验准备。提前读《小蝌蚪找妈妈》的绘本故事;提前欣赏该动画片;初步了解两栖动物的变态发育过程。②物质准备。绘本PPT图片、青蛙与癞蛤蟆生长对比图、青蛙和癞蛤蟆的照片。

二、活动过程

(一) 回顾故事情节

出示《小蝌蚪找妈妈》绘本故事图片（小蝌蚪游来游去的样子）（见图2）。

图2 《小蝌蚪找妈妈》绘本图片（二）

提问：画面上的小蝌蚪长什么样子？（黑黑的身体，细细的尾巴）

你看到了多少只小蝌蚪？如果我们不去数，可不可以说这是一群小蝌蚪？或是许多小蝌蚪？它们游来游去，一会儿藏到水里，一会儿钻进石缝里。它们在干什么？（找妈妈）

(二) 看图谈话，引发问题

出示绘本故事图片（小蝌蚪找到了青蛙妈妈）。

这一群小蝌蚪的妈妈是谁？（是青蛙妈妈）

小蝌蚪们说什么？（妈妈，妈妈，好妈妈，我们终于找到您啦）开心吗？（开心）开心啊！找错了！

(三）对比验证

出示青蛙与癞蛤蟆的生长对比图（见图3）。

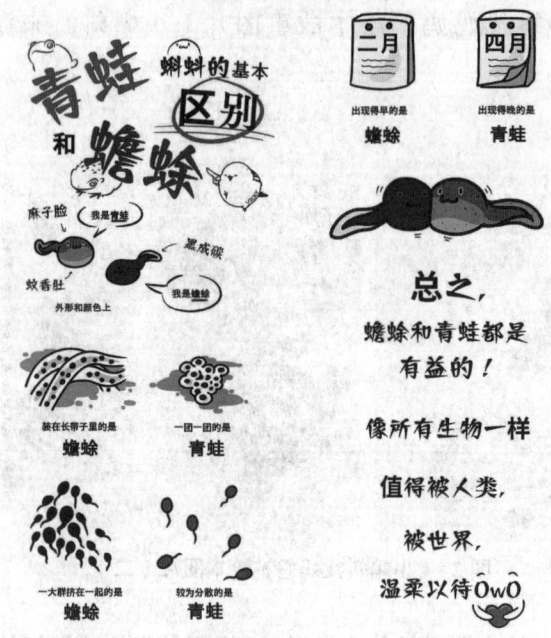

图3 青蛙与蟾蜍（癞蛤蟆）的对比

老师戴上假眼镜，表演成科学家的样子，结合对比图，给幼儿讲解问题。

（1）癞蛤蟆的宝宝是二月出生的，青蛙的宝宝到四月才出生，所以癞蛤蟆是大哥。

（2）癞蛤蟆的宝宝是一群一群地游，青蛙的宝宝是单独行动。

（3）癞蛤蟆的宝宝是黑色的，青蛙的宝宝是沙石色的。

（4）再出示绘本画面，请小朋友观察画面上小蝌蚪的特点，判断它们是谁的宝宝。

（四）游戏实践

出示故事中曾经出现的画面，以及癞蛤蟆宝宝、青蛙宝宝的照片，请小朋友们用新学会的自然知识来判断。

（五）有趣的故事和真正的科学

故事中可以有想象，比如，小动物可以说话，嫦娥可以飞上天。科学是真理，是人们观察自然的发现。如果想要了解这样的科学知识，就可以选择科学类的图书；如果想听好听的故事，就可以看故事类的图书。除了这两种，还有艺术类的、历史类的图书等。

（六）延伸：癞蛤蟆为什么要一群一群地游动？青蛙为什么要单独行动

为了保护自己，癞蛤蟆和青蛙使用了不同的战术。青蛙的蝌蚪是沙石色的，相当于天然的保护色，单独活动不容易被发现，更方便隐蔽自己。

癞蛤蟆的蝌蚪是利用群体的力量和数量的优势来保护自己的，当天敌来袭时，只要不游在最后就可以受到群体的保护。

三、活动反思

在本次活动中，教师结合孩子对故事和小蝌蚪的兴趣，围绕春季自然探索的主题，开展了科学探索活动。孩子们的原有经验有了很大提升，了解了关于癞蛤蟆和小青蛙的知识。由于科学知识和文学作品有冲突，所以孩子越发感觉自己有了新发现，积极地回到原著里去寻找科学错误。每个孩子都非常兴奋。活动结束后，孩子们都自发地把这个小知识讲给爸爸妈妈听。他们在分享的过程中透着自豪和自信，家长们纷纷表示惊讶和赞赏。

四、活动点评

有趣的自然探索能激发孩子更浓厚的阅读兴趣,并指引孩子带着思考和质疑去阅读一本图书。这次活动不仅拓宽了孩子们的阅读思路,还扩展了他们的自然知识,同时向他们渗透了一种阅读方式、理解方式。在将来的社会中,各种阅读资料会越来越丰富,能够正确吸收和获取自己需要的信息也是孩子们必备的能力。

中班艺术活动：海绵创意画

韩剑杰 *❶

一、活动背景

夏日是生机盎然的季节，颜色无处不在。在幼儿的生活中能够看到各种鲜艳的颜色，他们对于颜色有着自己独特的感受。在生活中，孩子们喜欢穿颜色鲜艳的衣服、喜欢颜色鲜艳的玩具和材料。同时，他们也特别喜欢收集生活中的颜色，如一些颜色鲜艳的小花、彩色的包装纸，还特别喜欢用各种颜色的超轻黏土和材料制作手工作品。在班中开展"多彩的颜色"这个主题后，孩子们对于颜色的变化更加感兴趣了。

孩子们除了特别喜欢收集颜色，还喜欢运用颜色开展绘画、手工活动。在"多彩的颜色"这个主题下，孩子们一起进行了很多与颜色有关的实验和游戏。综合孩子对颜色的感兴趣程度，计划在户外开展一次玩色活动，在操场这种宽松、自由的环境下开展与颜色相关的教学活动。海绵是生活中常见的一种物品，它吸水性强、柔软，运用海绵开展玩色活动可以增强孩子们参与的兴趣，对于孩子们来说是一个非常新鲜、有趣的尝试。

1. 活动目标

（1）尝试运用印、扔、涂等方式进行海绵创意画。

（2）能够根据画面中色块的形状大胆想象进行添画。

---

* 作者简介：韩剑杰，北京市朝阳区松榆里幼儿园，教师。

（3）体验同伴合作绘画的乐趣。

活动重点：运用印、扔、涂等方式进行海绵创意画。

活动难点：能够合理安排画面构图。

2. 活动准备

（1）经验准备。

①带领幼儿在班内开展过手型创意画活动。

②活动前提前尝试颜料与水的比例，以保证教学活动顺利开展。

（2）物质准备。

①工具：17×10×9厘米小珊瑚海绵25块。

②材料：8张4开纸组合成大纸5张，4人一张，一张备用；幼儿围裙16件；抹布2块；纸巾2包；红、黄、蓝、橘、绿、紫以1∶3配水稀释手纸画颜料各2盘；材料架1个，包含毛球1盒、扣子1盒、备用海绵5块、水彩笔3盒、黑色彩笔若干、超轻黏土等幼儿常用的装饰材料；物品架1个，包含手指颜料：红、黄、蓝、橘、绿、紫各1瓶、纸巾2包、小垃圾桶2个、抹布4块、喷壶1个

③其他：30×21厘米托盘18个、作品展示架两个、大塑料布一块、幼儿罩衣每人一件（见图1和图2）。

图1　海绵创意画

图2　海绵创意画

二、活动过程

（一）美好回忆，激发幼儿创作愿望

1. 幼儿认识材料

教师：今天我们要用一种新的材料来进行创作，你们看看是什么？

幼儿A：我看到操场上放了海绵。

幼儿B：老师，我看见有颜料。

2. 大胆表达海绵的多种用法

教师：海绵可以怎么使用呢？

幼儿A：可以扔。

幼儿B：可以印着玩。

幼儿C：老师，我知道，可以捏一捏。

3. 实施要点

（1）唤起幼儿已有经验。

通过提问，唤起幼儿已知经验，激发幼儿的大胆想象可以运用海绵创作的方法，帮助幼儿进行方法梳理。

（2）鼓励幼儿运用肢体动作来表述操作方法。

如涂抹、旋转等方法，可以让幼儿用海绵直接操作，让所有幼儿都能够清晰地知道操作方法。

（二）支持幼儿自由创作

1. 主要问题

（1）你们组想怎么做？

（2）你们用了哪些颜色？

（3）你们觉得这个颜色里面藏着谁？

（4）怎么能够让别人一下子就看出来你找到的颜色。

2. 实施要点

（1）鼓励幼儿与同伴相互交流创作内容。

（2）鼓励幼儿大胆运用各种颜色，大胆运用印、扔、涂的方法印画。

（3）关注全体幼儿，给予个性化的指导。

（4）运用相机记录幼儿绘画过程，为分享做准备。

3. 预设情景

（1）情景一。

幼儿表现：创作开始后，个别幼儿没有动手操作。

教师指导：当观察一段时间后，幼儿仍然迟迟没有创作欲望时，教师走到幼儿身边蹲下，轻声进行交流，鼓励幼儿先选择自己喜欢的颜色，大胆尝试用海绵创意印画。

（2）情景二。

幼儿表现：小组创意发生意见不一致。

教师指导：了解幼儿创作意图，可以协助幼儿与组内进行协商，合理规划作品构图。

（3）情景三。

幼儿表现：幼儿不知道如何添画。

教师指导：教师轻轻走到幼儿身边，微笑询问："你在颜色中找到了谁？"如果幼儿觉得颜色里什么都看不出来，可以让幼儿在大纸周围走一走，换个方向看一看，联想生活中常见的事物进行添画。

（4）情景四。

幼儿表现：幼儿创作结束还想再创作。

教师指导：在时间充裕的情况下，允许幼儿继续创作。在时间不充裕的情况下，将幼儿的作品保留下来，用班级活动区时间继续进行。

（5）情景五。

幼儿表现：作品没干，幼儿添不上画。

教师指导：可以先引导幼儿寻找画纸的颜色里藏着谁，然后提示幼儿可以运用辅助材料先进行装饰，再用笔进行添画。

（三）作品分享情感延展

1. 快乐分享

（1）你们的作品里藏着谁？

（2）你是怎么发现的？

（3）你为什么觉得藏着它呢？

2. 实施要点

（1）鼓励幼儿与同伴分享自己的作品，讲一讲自己组的颜色里都藏着谁。

（2）鼓励幼儿大胆猜测其他组的作品，并说一说是怎么看出来的。

三、延伸活动

（一）面向全体的幼儿园活动

1. 作品用处

在大班毕业典礼上，中班小朋友将自己的海绵创意画《七彩楼房》送给大班的哥哥姐姐，并祝愿哥哥姐姐像七彩楼房一样，在小学拥有七彩快乐的生活，像楼房一样节节高（见图3）。

图3　海绵创意画

2. 多元表现与创造

幼儿运用海绵进行手工制作或直接在海绵上进行绘画，探索海绵的多种运用方式。

（二）作品欣赏

孩子们的作品展示见图4、图5、图6、图7。

图4　海绵创意画（一）

图5　海绵创意画（二）

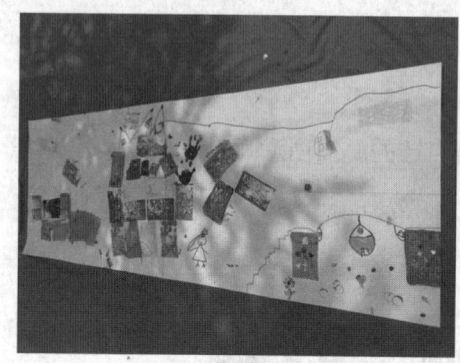

图6　海绵创意画（三）

图7　海绵创意画（四）

四、活动反思

本节教学活动在轻松愉快的氛围中让孩子们自主创作，现将活动进行细致反思。

1. 优势分析

第一，能够使用新颖的材料激发幼儿创作。海绵的运用十分新颖，一下子就激发出了孩子们的创作欲望。在教学活动中，有些孩子不由自主地说："今天的活动真好玩。"老师应该继续挖掘生活中可以运用的新颖材料来激发幼儿进行艺术创作。

第二，活动目标设计合理，并在中班幼儿注意力承受范围内完成目标。教学活动目标设计符合幼儿年龄特点和兴趣需要，能够针对孩子的现有水平进行设计，满足孩子们的创作欲望。

第三，场地选择、材料投放适宜，创作环境宽松愉快。选择在户外进行美术活动，孩子们拥有更多的创作空间，并且结合幼儿特点和季节特点，选择8张4开纸组合在一起的大纸，创设宽松、愉快的创作氛围，并且巧妙地提供了在活动区中孩子们喜欢的材料，便于在幼儿有需要的时候直接使用。

第四，环节设计巧妙。由于是一节玩色后的添画活动，考虑到玩色后的颜料如果没有干，会影响幼儿进行添画，于是将环节进行调整，以简短的方式开场，给予幼儿更多的创作时间，并在玩色后将幼儿快速集中到教师身边一起以"颜色宝宝捉迷藏"的游戏，带领幼儿观察作品，寻找可以添画的颜色区域，并为添画做好充足的准备。

2. 不足及调整策略

（1）在绘画中因为有微风，纸飘起来了。

改进策略：由于在户外，要考虑到纸张比较轻，下次提前做好准备，可以用漂亮的石头将纸的四周压住，避免出现这样的情况。

（2）幼儿创作不够大胆。

改进策略：幼儿在创作中常用的方法是印和涂，扔的方法用得比较少，下次在教学活动中，可以主动提示幼儿或加入幼儿的活动中，鼓励他们大胆玩色。

五、活动评价

本节活动充分调动了幼儿的探索兴趣,通过新颖的操作材料,引发幼儿主动学习与探索,让幼儿成为学习的主人;通过教师的预设和有效的互动,解决了活动中的重难点。走出班级,在户外的自然环境中进行活动,为幼儿提供了一个丰富自由、宽松的创作空间,从环境上给予幼儿一个广阔的场地,加强了活动的趣味性、生动性。将材料与教学内容、教学目标有机地结合在一起,让幼儿在"玩中学""学中玩",以游戏的方式开展活动,可以让幼儿在快乐中获得新经验。

大班主题活动：我们来策划清华洁华幼儿园

朱家辰 *❶

一、主题由来

开学后，许多小朋友分享了自己在寒假参加的各种有意思的活动，我们发现孩子们不仅对活动内容产生兴趣而且对于整个活动的前期准备和策划也充满了好奇。伴随着大班下学期各类活动的陆续展开，孩子们有各种各样的想法和计划，为了实现幼儿自己做主的愿望，并在自主策划活动的过程中培养幼儿的任务意识，做事情的计划性和坚持性，享受合作的乐趣和最终活动成功带来的成就感、自豪感，我们商定在班中成立一个策划公司，由幼儿自主策划活动内容、形式，做好前期准备，举办自己喜欢的活动。

二、主题目标

（1）了解策划的意义，知道一项活动的策划需要提前做好时间、地点和内容等方面的准备。

（2）有目的地进行策划活动，培养幼儿做事的计划性和坚持性。

（3）尝试科学合理地分配活动各环节时间，帮助幼儿建立时间观念。

（4）通过游戏中各部门之间的工作沟通，培养幼儿用清晰、概括性的语言描述自己的工作内容及进程。

---

* 作者简介：朱家辰，清华大学洁华幼儿园，教师，小教二级。

（5）在策划过程中能与同伴分工协商，尝试共同解决问题，享受合作的乐趣。

三、主题墙及区域设置

（一）主题墙

主题墙主要分为五大板块"策划是什么""我们可以策划的活动""策划公司总动员""活动宣传在行动"和"我的工作计划"。

1. 策划是什么

在主题开展初期，教师引导幼儿，结合自己的经验对"策划"的意思进行了猜想。有的小朋友认为策划是排练节目，有的认为是布置场地，有的认为是设计游戏，还有的则认为包括许多方面，需要所有人一起做准备。幼儿将自己的猜想以绘画的形式进行了表现，随后教师把这些猜想在主题墙上进行了分类展示（见图1）。最终，与幼儿的生活、游戏结合，我们将本班的"策划主题"定义为"整个班级在一段时间内围绕同一个主题设计活动的形式与内容，充分做好前期物质和经验准备"。

图1 分类主题墙

2. 可以策划的活动

在了解什么是策划后，小朋友们便有了各种想要参与策划的活动，于是教师以大班下学期为时间线，将幼儿可以参与策划的活动进行了梳理，包括妇女节爱妈妈、春游、运动会、"六一"儿童节、毕业典礼……

3. 策划公司总动员

有了策划主题，那么策划工作要如何展开呢？策划公司都有哪些部门呢？我们利用家长资源，请在广告公司工作的家长向幼儿介绍了公司的基本部门及职责。孩子们兴趣高涨，于是结合现实生活中公司各部门的职责和班级各区游戏的特点，将"区"更名为"部"，创设出了策划公司的游戏背景。建筑区更名为"工程部"，负责活动地点的选择和活动场地的设计；美工区更名为"美工部"，在这里可以制作与活动主题相关的美工作品，并且进行活动宣传（海报、邀请函）的任务；益智区更名为"创意部"，设计与活动相关的各种有创意的作品，为"工程部"提供设施；表演区更名为"节目组"，需要进行活动中的节目排练和游戏设计任务；植物角更名为"鲜花道具部"，负责为各部门提供所需道具，如绿植、花束，种植各种与主题活动相关的植物；图书区及棋类区统一更名为"休闲区"，作为"工作人员"的休息区域，可以看书、下棋、喝茶，凸显公司的人文情怀和氛围。除此之外，在游戏过程中，孩子们发现班级在同一时间内共同策划一个主题，各区之间会出现工作上的互动和材料上的交叉，需要一个特定的区域或特定的幼儿来协调统筹各部门的工作，于是商讨在班中成立一个"策划办公室"，几大部门紧紧围绕公司的中心"策划办公室"开展自己的策划工作。在确定各部门的职责和工作任务后，策划公司渐渐有模有样起来。

4. 活动宣传在行动

活动的策划工作与宣传工作同时展开，教师带领幼儿观察幼儿园各项活动的海报及邀请函，了解一项活动的宣传必须包含四大要素：活动时间、活动地点、活动人物及活动内容。大班幼儿处于前书写阶段，往往会用一些标志符号或画图的方式来表示，于是教师为小朋友介绍了各种表示时间地点的标志，帮助幼儿顺利展开宣传工作。在宣传的过程中，幼儿了解了海报、邀请函等在生活中的实际意义。

5. 我的工作计划

教师将这一部分制作成可操作的墙面，幼儿会根据自己策划游戏的内容和进度，在前一天做好区域计划，第二天按照计划进区"工作"，并在区域结束后的点评环节，对自己的完成情况进行一个总结，同时再制订自己接下来的区域计划。这一环节培养幼儿的任务意识，做事情的计划性和坚持性。

（二）部分区域介绍

1.策划办公室

作为游戏中生成的部门，策划办公室实现了区域之间的联动，办公室的工作人员需要协调统筹各部门的工作。例如，工程部的小朋友若要用绿植来完善建筑，就要到策划办公室填写订单记录表，由办公室的工作人员联系鲜花道具部提供绿植订单并送到建筑区；而为了避免材料浪费，策划公司实行了"内控机制"，如领取美工部的彩泥、鲜花道具部的包装纸等都需要到策划办公室领取并填写领物登记表（见图2）。

图2 领场登记员

2.工程部（建筑区）

工程部根据近期策划的主题搭建符合活动特点的场地和建筑，在一段时间内持续对一类建筑进行探究。

如在"妇女节爱妈妈"活动中，孩子们在前期商讨计划时，认为妈妈都是公主，应该在迪士尼城堡里，于是该策划主题下的建筑区就以城堡搭建为主。教师为幼儿提供迪士尼城堡的主视图、左视图、右视图，帮助幼儿全面立体地了解城堡不同方位的形象，并引导幼儿观察城堡的特点，探究用圆柱体和圆锥体搭建顶层时怎样会更美观、更稳固，在建筑区的实际操作中帮助幼儿建立对称、重心等概念。

而在策划端午节活动时，建筑区的小朋友就以搭建各种各样的观景台为目标。起初有一位小朋友在建筑区的城楼中间部分，用长板搭出了延伸的平台，区域点评时他向大家介绍自己的设计，认为端午节可以在江边的城楼上观看河上赛龙舟的热闹场景。他的设计引起了其他小朋友的兴趣，于是大家将搭建稳固且美观的观景台作为此次策划主题下建筑区的重点。如何使伸出去的观景台在城楼中间保持稳定不倾斜呢？在建筑区小朋友的不断尝试和教师的引导下，幼儿建立了平衡的概念，并了解到了平衡对于建筑的重要性。

3. 美工部（美工区）

围绕策划主题制作各种美工作品，进行活动海报、邀请函的设计和制作，完成策划办公室下达的订单任务。

例如，在策划春游活动时，经过大家的讨论敲定了活动内容——"野餐+放风筝"。而制作风筝的重任自然交给了美工部的小朋友们。集体教育活动中，师生共同制作了报纸风筝，并带领幼儿到后院试飞。试飞失败后，大家集体学习了风筝起飞的必要条件及影响因素。在接下来的区域活动中，美工区小朋友便根据之前的经验对风筝进行了调整，并用水彩将简单的报纸风筝变得五彩缤纷，为春游活动提供了优质的材料支持（见图3）。

4. 鲜花道具部

此区域既有植物角的区域特点，同时也具有一定角色区和美工区的功能。鲜花道具部中的工作人员任务繁重，需要完成日常对植物的照料、观察、记录工作，同时也面临着策划办公室的紧急订单，如包装花束、绿植装饰、插花装饰等任务。工作人员要按照订单要求制作道具，并将其送到指定区域。

图3　为春游提供报纸风筝

策划端午节活动中，幼儿们在对端午节传统习俗有了解后，纷纷想要在

植物角种植艾草,将长成的艾草挂到门口。于是,教师采购了艾草由幼儿认领种植,孩子们兴趣浓厚并且责任感非常强。此后,每天活动区都会有小朋友挤到鲜花道具部去观察并记录自己的小艾草,出现了拥挤和争吵现象。活动区点评时,孩子们还就这个问题展开了讨论,

图 4　植物角种植艾草

最终制订了排位表,每天吃完早饭填写排位表,区域时间再由策划办公室按照排位表顺序邀请小朋友们有序进区记录自己的小艾草(见图 4)。

四、活动点评

大班下学期的活动丰富有趣,通过班级的"策划公司",实现了将自己的想法和计划,并在自主策划活动的过程中慢慢地树立了的任务意识。最初在策划第一个"妇女节爱妈妈"的活动时,孩子们不知从何下手,需要教师一步步引导和支持。在体验过什么是策划后,在随后的几个活动中,孩子们逐渐加入了自己的创意想法,并且做事情慢慢有了计划性和时间意识,也享受到了合作的乐趣和最终活动成功带来的成就感、自豪感。

小班"找一找"主题系列活动：发现春天

舒 丽 *❶

一、活动由来

陈鹤琴先生说："大自然、大社会就是活教材。"大自然中的花草树木、风云晴雨都是幼儿最感兴趣的话题。他们喜欢看小蚂蚁搬家，会因为小蝌蚪的变化而欣喜不已。

进入春天，幼儿园每天都在发生着变化。在这些变化中，既有科学现象的生动演绎，又蕴藏着艺术表现力。但是我们发现，小班幼儿对大自然的兴趣经常一闪而过，缺乏深入的观察与探究。教师支持幼儿观察、感受春天的途径也比较单一，多为语言介绍。因此，我们不断思考如何才能更好地调动幼儿的主动性，鼓励幼儿自主探究，充分感知春天的美丽与神奇。结合小班幼儿的年龄特点，我们不断探索幼儿观察春天、表现春天的新途径，以游戏化、可操作的方式，引导幼儿观察、发现春天的秘密。

二、活动目的

《3~6岁儿童学习与发展指南》中，科学与艺术领域均强调让幼儿亲近自然，鼓励幼儿接触大自然，从大自然中获得探究的乐趣和美的感受（见表1）。

---

* 作者简介：舒丽，北京市清华洁华幼儿园，年级主任，中学一级教师。

表1　小班科学、艺术领域目标

领域	目标1	目标2	目标3	目标4
科学领域	亲近自然，喜欢探究	具有初步的探究能力	在探究中认识周围事物和现象	
艺术领域	喜欢自然与生活中美的事物	喜欢欣赏多种多样的艺术形式和作品	喜欢进行艺术活动并大胆表现	具有初步的艺术表现与创造能力

结合小班幼儿年龄特点与发展目标，我们将本次活动目标定为以下四点。

（1）喜欢春天，愿意主动观察、发现春天里幼儿园的变化。

（2）初步了解一些春天的科学现象，喜欢探究。

（3）乐于用多种艺术形式表现自己对春天的感受。

（4）感受集体游戏的乐趣，萌发对大自然的热爱之情。

活动聚焦幼儿的观察、探究与表现，引导幼儿主动发现、善于发现问题并解决问题，发展创造力（见图1）。

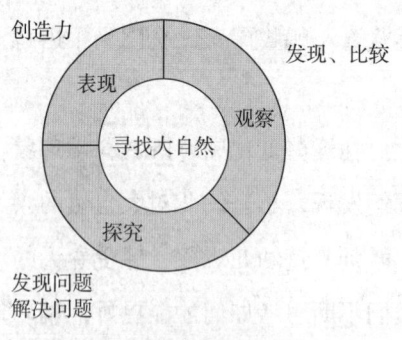

图1　活动价值

三、活动内容

《3~6岁儿童学习与发展指南》中提到，教师要注重幼儿的观察与体验，要鼓励幼儿多看、多问，并为幼儿提供多种工具和材料以支持幼儿主动观察；通过调查、小实验等多种方式支持幼儿科学探究，引导幼儿根据自己的观察和感受进行艺术创作与表达。

小班幼儿处在直觉行动思维阶段，他们喜欢情境化、游戏化的活动。因此，我们开展"找一找"系列活动，通过不同的"找一找"游戏，支持幼儿主动观察、感受和表现春天。

(一)找不同——发现色彩

途径:家园共育、区域游戏。

材料:任务单,画笔、水粉等绘画工具,手机或相机。

任务:找到春天里不同的色彩,用找到的色彩装饰自己的彩虹(见图2)。

图2 "找色彩"任务单

每到春天,幼儿园里的花就争相开放,小草也探出了头,树叶慢慢地发芽,幼儿园仿佛一个色彩的乐园。孩子们拿到任务单后都特别开心,开始在幼儿园里寻找不同的色彩。紫色的玉兰、黄色的迎春、绿色的树叶……他们不断地发现新的色彩,将发现的颜色记录在自己的任务单上,并将找到的色彩(如掉落的花瓣等)带回班级,进行艺术创作。在区域游戏中,他们不断寻找材料,尝试用不同的颜料变出花瓣的颜色,最终用自己最喜欢的色彩装饰彩虹。回到家后,孩子们还和爸爸妈妈一起,继续发现更多的色彩(见图3)。

图3 在花丛中找到的色彩

（二）找相同——发现植物

途径：种植活动、区域游戏、集体教学、家园共育。

材料："找对应"游戏卡，种子与对应植物的卡片。

游戏：连连看、对对碰。

春天里的每一棵小草、每一片绿叶的形状和纹理都各不相同，有其独特的美。我们通过游戏的方式，鼓励幼儿主动观察和感受它们的差异，进而增强艺术表现力（见图4）。同时，我们鼓励幼儿搜集春天的种子，通过集体教学认识不同的种子，并在种植角进行种植。种子发芽后，让幼儿及时拍照并做成卡片，与同伴一起玩连连看的游戏。

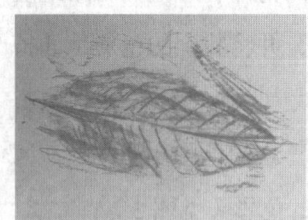

图4 在树叶中找对应

这个游戏可以两名幼儿一起玩，一名幼儿拓印叶子，另一名幼儿找出对应的真实叶子。孩子们对这个游戏很感兴趣，他们主动寻找更多不一样的叶子，希望能够难倒同伴。在游戏的过程中，他们也在不断发现不同叶子的形状、纹路等。幼儿将自己搜集的种子在班里进行分享，他们还提出想让更多的人认识这些种子，于是我们开展了"种子分享会"活动。家长为小朋友制作PPT，他们走进其他班级，分享自己发现的种子。

（三）快乐寻宝——发现小动物

途径：养殖活动、区域游戏、集体教学、家园共育。

材料：迷宫卡、寻宝图。

游戏：迷宫游戏、寻宝游戏。

进入春天，各个小生命都开始活跃起来，小朋友们也经常在幼儿园里发现不同的小动物，如飞舞的蝴蝶、小路上的蚂蚁、草丛中的蜗牛等。我们在班级里也开展养殖活动，如养小蝌蚪、蚕宝宝、小蜗牛、小蚂蚁等。根据幼儿的兴趣，我们设计了迷宫、寻宝等游戏，将科学知识融入有趣的游戏中，鼓励幼儿主动观察与探究。

迷宫逐渐增加难度，如加入小蝌蚪变青蛙的顺序、小蜗牛爱吃的食物，还可以增加食物的数量，如小蜗牛在途中要吃到三块小面包等。

除了班级养殖的小动物，大自然中还有更多的小动物，如小蜜蜂、蝴蝶、蜻蜓等。我们给孩子一些不同难度的寻宝图，如在动物的基础上加上数量等，支持幼儿主动观察。

（四）找变化——发现春天的风

途径：主题活动、区域游戏、家园共育。

材料：皱纹纸、飞机、风车、风筝、自制风向标等。

游戏：找变化。

北京的风是孩子们再熟悉不过的，从冬天的寒风凛冽到春天的春风拂面，小朋友们每天都在感受着这一自然现象。

1. 不一样的幼儿园——风的作用

每当有风时，幼儿园里都呈现出不同的景象。随风飞舞的彩旗、轻轻摇曳的树枝、随风飘落的花瓣等。为了让幼儿更好地体验这种变化，我们为幼儿提供了无风时幼儿园各个环境的照片。起风时，所有幼儿拿着这些图片，去发现不一样的地方，并做好标记。之后，不同小组进行分享，共同感受风给幼儿园带来的变化。在寻找的过程中，孩子们主动发现，有的幼儿说："有风的时候，我也不一样了，我的头发都飘起来了。"在游戏过程中，幼儿初步感知风的作用。

2. 风儿和我捉迷藏——风的大小与方向

风车是小朋友特别喜欢的，在与风车玩游戏的过程中，小朋友们发现："有的小朋友的风车转得快，有的转得慢。""我一跑风车就转，一停下它就不转了。""我躲到大型玩具后面，风车就不转了。""风车是不是在和我们捉迷藏？一会儿有，一会儿没有。"

带着这些疑问，我们进行了进一步的探索。通过玩彩带、风筝等，幼儿发现风有不同的大小和方向，知道如何能够更好地与风儿玩游戏。区域游戏中，我们还投放自制风速仪和风向标，以及其他与风有关的游戏材料，如藏起来的小兔子（镂空画框后藏有小兔子，画框前有彩带遮挡，幼儿需要想办法用风让彩带飘起来看到小兔子）、小纸球走迷宫（幼儿用不同材料制造风，让小纸球从PVC管迷宫的入口"走"到出口）。

四、活动反思

通过系列活动，我们不断支持幼儿发现寻找春天的新途径，不同的游戏也不断地深入和迁移，支持幼儿更加全面发展。在主动的观察、探究与表现中，小班幼儿对春天有了更加深入的认知。在游戏过程中，他们不仅认识、了解了不同植物、动物的特点，还获得了美的感受，对大自然产生了更大的兴趣。在日常活动中，他们更愿意去表现大自然，并在与春天的亲密接触中获得一双发现美的眼睛。

为了使幼儿在同伴之间相互分享经验，并不断激发幼儿主动探究的意愿，我们开展了"亲亲自然"主题画展（见图5），不同班级根据幼儿兴趣选择相应主题进行表现。

图 5　春天的发现

五、活动点评

"发现春天"系列活动尊重幼儿年龄特点和兴趣点,强调幼儿的主动性,较好地通过游戏化、可操作的方式,鼓励和支持小班幼儿观察与探究,主动发现问题并自主解决问题,进而真正了解春天、喜欢春天,热爱大自然。活动内容丰富,游戏层次性强。适宜的挑战性充分调动了幼儿的积极性,不仅丰富了幼儿对于春天的认知经验,更激发了幼儿主动观察、欣赏、表现与创造,实现幼儿的全面发展。

大班主题活动：秋天丰收的果实

马 兰 *❶

一、活动由来

国庆节放假前，孩子们参观了幼儿园周边的草厂胡同，在体验节日氛围的同时，他们关注最多的便是胡同里各种各样的植物果实，如藤上的葡萄、南瓜、葫芦等；树上的石榴、海棠果、不知名红色果实……孩子们对此非常感兴趣。

回去后，我们抓住孩子们的这一兴趣，又结合当下正值丰收的季节，设计并实施了主题活动"秋天丰收的果实"，旨在丰富幼儿对秋天果实的认识，让幼儿了解营养知识，健康成长；同时，通过游戏环节提高幼儿对事物的整体观察能力，以及通过剪纸环节锻炼幼儿的艺术表现力、创造力和审美能力等。

1.活动目标

认识秋天丰收的果实，懂得营养均衡是健康成长的奥秘；通过游戏"一笔画果实"，提高幼儿对果实的整体观察能力；以剪刀代笔，尝试用艺术创造的手法表现出果实的外形特征。

2.活动重点

引导幼儿对秋天丰收的果实有比较全面的了解，知道这些果实不仅有水果，还有蔬菜，如各种瓜，以及干果，如大枣、核桃和栗子等。此外，孩子们能通过对比法观察实物，比较准确地描述出不同果实的外形特征。

---

* 作者简介：马兰，北京市东城区前门幼儿园教师，二级教师。

3.活动难点

通过游戏环节和剪纸环节,提高幼儿对果实的整体观察能力,以及对作品的表现力与创造力。

4.活动准备

为了能够更加近距离地观察和体验,幼儿自选一种秋天的果实带到幼儿园来,放到班级自然角,供全班幼儿欣赏。孩子们带来的品种非常丰富,有南瓜、石榴、苹果、梨、大枣、栗子、葫芦……从此,孩子们每天最喜欢做的事情便是到自然角里转一转。

二、活动过程

(一)导入"秋天果实种类多"——引出活动主题及重点

首先,利用胡同游的照片,调动幼儿对已有经验的回忆。其次,引导幼儿观察和触摸实物果实,以每组轮换的形式保证大家都能体验到,并通过对比的方式向孩子们提问,一起探讨果实的外形特征,比如问:"南瓜和苹果都是圆的,我们怎么区分呢?"孩子们说:"南瓜是扁圆的,苹果不是;南瓜的表面不光滑,有花纹,苹果是光滑的;它们的颜色也不一样……"孩子们观察得十分仔细,并能将区别一一列出。最后,引导幼儿将果实进行分类。经过讨论和确定后,孩子们将这些果实分成了水果、蔬菜和干果三类,并明白了要营养均衡才能健康成长的道理。

(二)游戏"一笔画果实"——引导幼儿观察事物的整体

为了让幼儿的能力有所提升,提高对果实的整体性把握,我们设计了一个有趣的绘画游戏,名字叫"一笔画果实"游戏规则:教师任意出示一种秋天的果实,孩子们观察后,将该种果实一笔画出来,不能在画到某一地方时停下从另一头接着画。在孩子们理解规则并愿意接受挑战后,先出示苹果,孩子们很快就画完了，并将画高兴地展示出来；再出示鸭梨，并提示注意区别它和苹果的不同，孩子们陆续也完成了；最后，出示更有难度的石榴，孩子们通过自己的不断尝试，最终完成了挑战（见图1）。得到夸赞后，孩子们感到非常高兴。

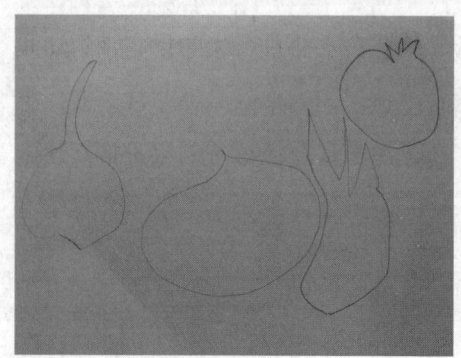
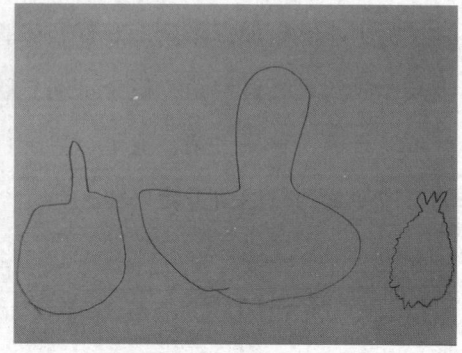

图1　幼儿"一笔画果实"作品展示

（三）剪纸"我最喜爱的果实"——艺术的创造性表现

游戏结束后，教师自然过渡询问道："孩子们想不想剪一种自己喜爱的秋天果实呢？"大家听了兴趣高昂，全部表示愿意尝试，自信地拿起小剪刀，选择喜欢的彩纸，认真地剪了起来。在孩子们剪纸的过程中，幼儿是主导者，是一个个拥有自信又富有想象力与创造力的能者。没有一位小朋友说"我不会"之类的话，有的剪完一个，还要再剪一个。

（四）分享"我剪的秋天果实"——幼儿作品欣赏与交流

剪完后，孩子们都很积极、自信地想要分享自己的作品。幼儿A说："我坐在这里，看到苹果把儿被苹果身体挡住了，所以我就剪了一个圆。"其他小朋友歪着头一看，惊喜地发现换一个角度果然是这样。幼儿B说："这是我剪的石榴，我看到树上的石榴就是这样长的。"（见图2）幼儿C说："我剪的是被切开的大南瓜，你们看里面的南瓜子都掉出来了，旁边还有一把黄色的刀。"（见图3）当孩子们听到、看到这些有趣的作品时，情不自禁地为他们独特的视角和想法鼓起掌来。教师也表示了称赞，鼓励大家下次挑战更高的难度，孩子们都对自己信心满满，就像陈鹤琴先生认为的那样"要用鼓励的方法来控制儿童的行为，来督促儿童求学"。

 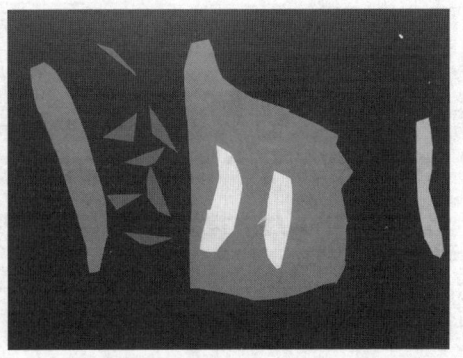

图2　幼儿剪纸作品"石榴"　　　图3　幼儿剪纸作品"大南瓜"

三、活动反思

（一）以自然环境为中心设计课程

陈鹤琴先生主张"我们应当利用自然环境和社会环境做幼儿园课程的中心，因为这两种环境都是与儿童天天要接触的。其中，自然环境就是指各种动植物现象。并且，儿童喜欢到大自然、大社会中去探讨、去追求，就可获得确实而经济的直接知识,是活教材"。本次活动设计就是以自然环境为中心，在胡同游后抓住孩子们对秋天果实的兴趣，在班级自然角和主题活动中，让幼儿能更加近距离地观察和体验秋天丰收的果实，所以孩子们一直保持着积极探究和思考的欲望，最终获得了直接经验和知识。

（二）运用比较教学法突破活动重点

陈鹤琴先生在教学原则中提到比较教学法，其好处在于使幼儿对所学的事物，认识正确，记忆持久。让儿童在对比中分化出各自的特点，从而加深认识。在活动中，教师引导幼儿进行对比观察并提问，通过回答可以看到孩子们能够清晰地区分不同果实的外形特点，并能完整表述，该方法能有效地突出活动重点。

（三）通过体验游戏"一笔画果实"突破活动难点

"小孩子是好游戏的"，陈鹤琴先生主张"幼稚园应当采用游戏式的教学法去教导儿童"，在教学原则中提到"教师把教学游戏化，就可以在过程中培养学生的兴趣，提高学习效率"。因此，在活动中，为了突破难点，教师有效地利用游戏"一笔画果实"，从易到难出示秋天的果实，逐步递进帮助孩子们理解事物的整体性。这样不仅让幼儿在快乐的游戏中通过实际动手操作培养兴趣，还使能力得到提高。

四、活动点评

本次是综合性的主题活动，分别涉及了五大领域的内容，注重领域之间的相互渗透和整合，并且打破了常规和时间限制，抓住幼儿的兴趣点环环相扣、逐步递进，充分利用实物教材，取之生活用之生活，使幼儿的积极性越来越高；运用了有效的方法突出活动重点和突破难点，并引导幼儿在剪纸操作中得到进一步升华；在分享环节锻炼了幼儿的语言表达能力，欣赏到了孩子们个性化表达的作品，同时还增强了其自信心和成就感。整个活动从教材、教学、教法上都做到了"活"字，是整体的、连贯的，促进了幼儿身心全面发展，是真正的"活教育"。

在活动中，我们还发现被切开的"大南瓜"作品引起了孩子们新的兴趣，孩子们对果实的内部产生了好奇，所以在后续的活动中，我们将与孩子们一起进行探索。

大班舞蹈活动

关 博 *❶

一、活动来源

　　大班幼儿在动作肢体灵活性和音乐视听方面，较中班幼儿有较强的感受能力。在听到好听的音乐时，他们能够随着音乐舞蹈。为弘扬德育教育，宣传文明礼让、增强礼让意识，我们选择了一首欢快节、奏分明的《等灯，等灯》音乐。通过歌词中"不闯红灯"，学会"红灯停，绿灯行，耐心等灯"，来逐步增强幼儿礼让意识，使其从小树立良好的文明礼让习惯，展现健康、快乐、积极、自信、和谐的生活热情。通过表演能够带动更多的人参与礼让文明的精神中，为良好的交通秩序传递一份积极的正能量。将幼儿平时喜欢用到的动作编入音乐中，可以让孩子感受到认可，能充分满足幼儿需要，让幼儿在听觉、视觉、肢体运动的充分协调下，获得文明知识的同时，感受艺术体验。

二、学情分析

　　爱唱、爱跳、爱表现，是大班幼儿年龄发展的特点。他们精力充沛，体力佳、有自己的想法。他们喜欢参与舞蹈活动，对舞蹈中的一些基本动作

---

* 作者简介：关博，北京市西城区棉花胡同幼儿园，一级教师，西城区骨干教师，研究方向是幼儿园中的舞蹈艺术领域与安全教育。

掌握得较为灵活,动作质量较中班有明显提高。对于喜欢的音乐,他们能够自发地边唱边舞。以德育教育为切入点,学习《等灯,等灯》文明礼让舞,可以帮助幼儿建立良好的文明礼让习惯和安全规则意识,让幼儿在快乐的舞蹈中进行学习,达到不枯燥、蹦蹦跳跳地学知识的目标。

三、作品分析

《等灯,等灯》是一首欢快、节奏分明的歌曲,歌词中将文明礼让、红灯停、绿灯行等交通规则意识传递出来。同时,欢快的音乐具有带动性,可以激发幼儿进行舞蹈,达到边唱边舞的效果。

1. 活动目标

能够让幼儿明确红灯停、绿灯行的交通意识;感受欢快的音乐,动作节拍相吻合,掌握整支文明礼让舞蹈;喜欢参加舞蹈活动,并能将礼让舞传递给更多人。

2. 活动重点及难点

(1)活动重点。初步掌握交通安全知识,增强幼儿安全、文明、礼让意识。

(2)活动难点。动作与音乐的协调配合,会跳完整的等灯舞蹈。

3. 活动准备

(1)经验准备。幼儿已掌握了等灯中的一些单一动作,如拍手正步位蹦跳、丁字步位颤膝、按手位横移推手、前推手等动作。

(2)物质准备。《等灯,等灯》音乐、音响设备、红色、绿色圆形即时贴。

四、活动过程

(一)开始部分

(1)回忆过马路行走于斑马线的情形,掌握红灯、绿灯的交通规则意识。

（2）激发兴趣，引出主题。

教师："小朋友们，你们知道在过马路时，要注意什么？"

教师："对，你们说对了，要看红绿灯，还要行走在斑马线上。"

（二）基本部分

第一，试听音乐，了解音乐旋律。

教师："小朋友们还记得上次老师给你们听的《等灯，等灯》的音乐吗？让我们一起来听一听。"

教师："在刚刚的歌曲中小朋友都听到了什么？"

教师："对，你们说对了，有红灯、绿灯、斑马线。最主要的是什么？等一等。"

第二，老师给幼儿观看，之前录好的《等灯，等灯》舞蹈视频。

教师：一起跟着老师来跳等灯舞吧！

第三，教师演示第一段动作，熟悉歌词并做出相应动作。

第四，明确左代表红灯，右手代表绿灯，跟随老师做动作。

教师："今天让我们换一种方式，用舞蹈动作把这首歌曲表现出来。"

教师："老师的左手是红灯，右手是绿灯。当我出示向前推动时，代表等一等。"

教师："现在我们都知道了哪只手代表的是什么，我们一起说歌词跳一跳。"

歌词：

斑马线上亮红的，请您等一等；

红灯一会变绿灯，请您等一等；

安全里面有文明，耐心等一等；

慢闯一步，快乐一生，开心等一等。

教师："刚刚我们做的是第一段的前半部分，现在我们一起来做一做后半部分的动作。"

歌词：

等一等，等一等，人生不怕等一等；

等一等，等一等，红灯为了绿灯红；

等一等，等一等，再急也要等一等；

等一等，等一等，多等一会幸福一生。

（三）间奏部分

第一，教师示范间奏部分动作。

教师："第二部分的动作与第一段的动作大致相同，但是中间衔接的部分，让我们一起来做一做衔接的动作。"

第二，第二段动作与第一段相同，教师带领，与幼儿听音乐完成整支舞。

教师："小朋友们，你们学会了吗？让我们一起听音乐完整地来跳一跳。"

（四）完整舞蹈练习

（1）播放幼儿舞蹈《等灯，等灯》整支成品舞视频。

（2）幼儿跟着视频进行练习，帮助幼儿加深动作记忆。

（五）结束部分

教师："小朋友们，你们跳得真棒！明天课间操的时候，你们可以带着全园的小朋友一起跳一跳，让更多的小朋友知道文明礼让。"

五、活动延伸

小朋友们掌握动作后，可以跳给更多认识的朋友、长辈。此动作的设计不分年龄界限，谁都可以跳。在达到健身的同时，跳这个舞蹈还能营造良好的社会礼让文明精神，增强礼让意识。

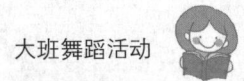

六、活动点评

教师通过《等灯，等灯》舞蹈方式的学习，不仅能够让孩子们在音乐中理解歌词含义，身体得到发展，同时能够丰富孩子们的活动，通过跳礼让舞，进一步增长孩子们的文明意识，传递文明礼仪，从小建立交通规则意识。以舞蹈的形式展开活动，孩子们既表达了对安全交通环境的渴望，又在舞蹈中达到了强身健体的效果，可称为快乐中的舞蹈学习，使幼儿身心得到较好的发展。

大班"小动物狂想曲"主题系列活动：
让春天"活"起来

兰 渝 *❶

一、活动由来

春回大地，万物复苏，色彩斑斓，小动物们也活跃起来。在幼儿园，经常会看到孩子们围成一圈，或趴在地上看蚂蚁搬食，或看蜜蜂、蝴蝶采花蜜，他们一动不动瞪着清澈的眼睛仿佛怕看漏了什么。这些小虫儿对孩子们有一种吸引力，是幼儿关注的焦点，讨论虫子的话题也是孩子们感兴趣的事。一次，几名幼儿在图书区阅读了《和雨蛙爸爸找昆虫》引起了他们许多遐想，他们纷纷和同伴、老师一起探讨。幼儿喜欢探索大自然，已具备一定学习的能力，此时的幼儿对大自然非常感兴趣，渴望深入探秘小动物。借助陈鹤琴先生提出的"大自然、大社会都是活教材"这一课程论的教学原则，结合春季特征及幼儿的兴趣出发，我们组织开展了"让春天活起来"系列主题活动。

二、活动一：寻找小动物

（一）活动目标

（1）通过自己动手收集各种有关小动物的资料和信息，使幼儿萌发乐于

---

* 作者简介：兰渝，北京市东城区光明幼儿园，一级教师。

探索和照顾小动物的积极情感。

（2）满足幼儿对各种小动物的好奇心，充分发挥想象力，大胆表现春天里动物的色彩，感受春天大自然的美好。

（二）活动重点

探索观察小动物的特征。

（三）活动难点

大胆表现春天里小动物的色彩。

（四）活动准备

1. 经验准备

阅读过绘本《和雨蛙爸爸找昆虫》（见图1），搜集有关春天小动物的资料等。

2. 物质准备

油画棒、A4白卡纸若干、水彩笔等。

图1　绘本讲述

（五）活动过程

1. 教师讲述绘本《和雨蛙爸爸找昆虫》

（1）在书中你们看到了哪些小动物？

（2）在哪里能发现这些小动物？

2. 寻找小动物

（1）教师带领幼儿在户外寻找小动物，幼儿各自或小组寻找自己发现的小动物，相互交流、谈论感受（见图2）。

（2）仔细观察寻找到的小动物，并说出在哪里寻找到的（石头下、草丛里、土地里、池塘里等）（见图3）。

图2 发现小动物交流感受

图3 石头下寻找小动物

（3）分享小动物资料。幼儿逐一分享搜集到的有关春天小动物的资料，通过分享资料，更深层次地了解小动物的特征及生活习性（见图4）。

图4 小报形式分享小动物资料

（4）将寻找到的小动物进行统计、分类（见图5）。

水里游的：小蝌蚪、小鱼等。

地上爬的：西瓜虫、小蚂蚁、蚕等。

天上飞的：七星瓢虫、小蜜蜂等。

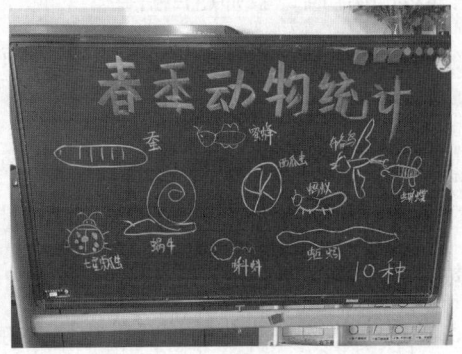

图5 统计、分类

土里钻的：蚯蚓等。

3. 绘画：和雨蛙爸爸找昆虫

（1）根据寻找结果，统计在哪些地方可以找到小动物。

（2）结合绘本图书，鼓励幼儿将自己在哪里寻找的小动物场景画下来（见图6）。

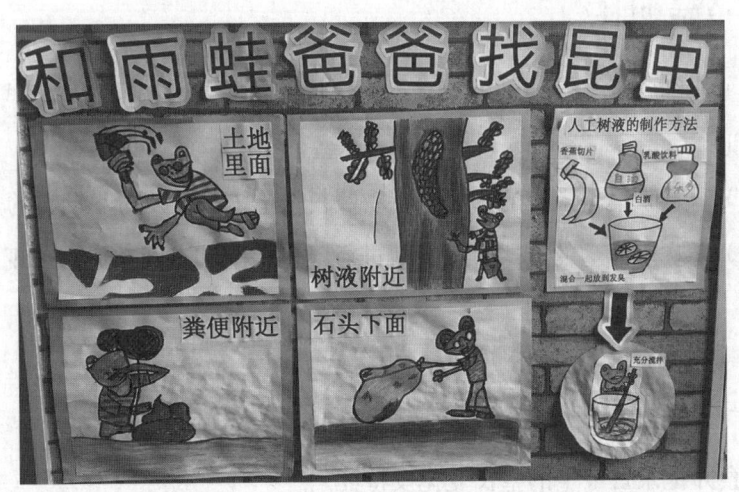

图6 绘画活动

①请幼儿自选一个情境进行自主创作。

②幼儿创作时，提示幼儿注意作品的布局分配。

③幼儿作画，教师巡回指导。

④展示作品，将作品置于自然角墙饰。

（六）活动反思

本次活动抓住了幼儿的年龄特点，从幼儿对大自然的好奇心和对小动物的热爱两方面来展开活动，让幼儿和大自然亲密接触，在大自然中寻找小动物、发现小动物，幼儿的积极性很高。在分享环节，幼儿通过协商、合作，以小组的形式利用已有经验，与"查找相关动物资料"有效结合，充分体现了幼儿"玩中学、学中玩"的学习特点，进一步提升已有经验。每个幼儿都能积极发言，充分表达和表现，将理论和实践相结合，加深对所学知识的理解，最后将自己的发现用绘画的形式展现出来，效果很好。

三、活动二：照顾小动物

（一）活动目标

（1）能细致、有序地进行观察蚕的生长变化及外形特征，并尝试记录蚕宝宝日记。

（2）乐意收集蚕宝宝的食物并主动照料蚕宝宝，萌发对小动物的热爱。

（3）喜欢用泥塑的方式有创意地进行颜色搭配和空间布局，表现蚕的生长过程。

（二）活动重点

观察并记录蚕宝宝的生长变化及特征。

（三）活动难点

用泥塑创意大胆表现蚕宝宝。

（四）活动准备

1. 经验准备

幼儿已做好春季小动物统计及自制蚕宝宝日记本，并以投票的形式最终选择饲养蚕宝宝，师幼共同收集有关蚕宝宝的资料（见图7）。

图7 投票选择要饲养的小动物"蚕宝宝"

2. 物质准备

小蚕子若干，超轻彩泥、硬卡纸（棕、黑）若干、彩泥工具等。

（五）活动过程

1. 教师引导幼儿交流有关蚕宝宝的知识，引发幼儿兴趣（见图8）

教师出示蚕宝宝：① 这是什么？你是怎么知道的？蚕宝宝是怎样长大的？② 小朋友收集了许多关于蚕宝宝的知识，谁愿意来介绍一下？

师幼共同讨论蚕宝宝的喂养方法，幼儿根据自己收集的资料进行介绍，教师用图示在黑板上记录。

图 8　日常照顾蚕宝宝

（1）蚕宝宝可以吃些什么呢？

（2）怎样喂蚕宝宝呢？摘来的桑叶可以直接喂食吗？

图 9　观察实物蚕茧

（3）应该把蚕宝宝放在什么地方养？还要注意些什么？

接下来师幼一起讨论照料蚕宝宝的方法。

（1）养蚕宝宝要给它找吃的并喂它吃，还要注意讲究卫生。这些事情由谁来做？是大家一起去做吗？

（2）教师引导幼儿通过讨论协商分组定时照料蚕宝宝。

2. 认识蚕茧

蚕宝宝到哪里去了？出示实物蚕茧，并提

问这是什么？蚕茧是什么形状、颜色的？

3.完整了解蚕的生长过程并记录蚕宝宝成长日记

（1）结合图片了解蚕有蚕卵变为黑色的蚁蚕，长大一点儿后变为白色蚕，再结茧变蛹，然后变为蚕蛾，最后蚕蛾又产蚕卵的生长发育全过程。

（2）将自己所做的记录展示，互相交流和欣赏。排列蚕的生长程序图，依次说出蚕的生长变化过程（见图10、图11）。

图10　日常观察蚕宝宝记录

小结：最初养的蚕是黑黑的，那是蚁蚕。蚕由头、胸、腹三部分组成，它喜欢吃桑叶。蚕会眠，眠过了就蜕皮，一生共眠四次、蜕皮四次，最后吐丝结茧。

4.幼儿用彩泥进行情景（蚕成长阶段）的创作

（1）请幼儿自选一个成长阶段，进行自主创作（见图12）。

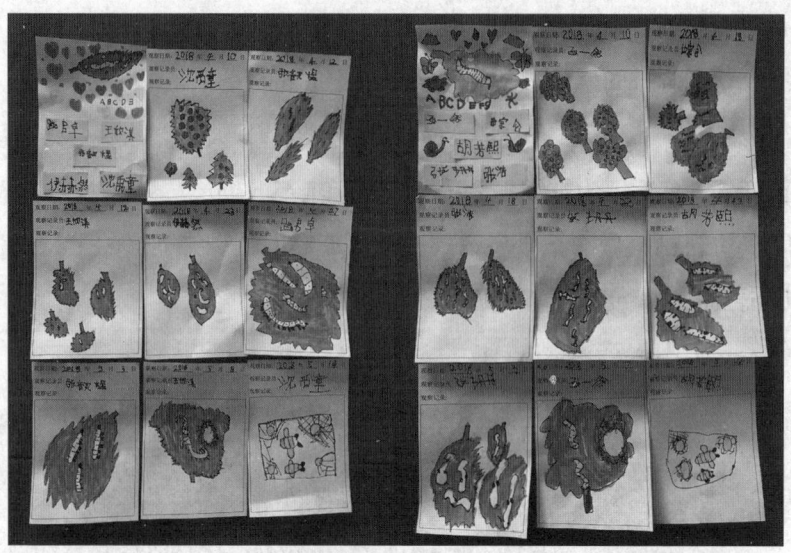

图 11 蚕宝宝观察记录本展示

图 12 泥工活动"蚕宝宝"

（2）提示幼儿创作时，注意分工配合。

（3）幼儿创作动物表情动作时，教师重点指导。第一，引导幼儿仔细观察图片中蚕宝宝的外形及动作，提示幼儿注意作品的布局分配。第二，请幼儿用乳胶将制作好的蚕宝宝及叶子进行粘贴固定，注意展现蚕与叶子的互动。

（4）将制作好的蚕宝宝布置到班级墙饰中（见图13）。

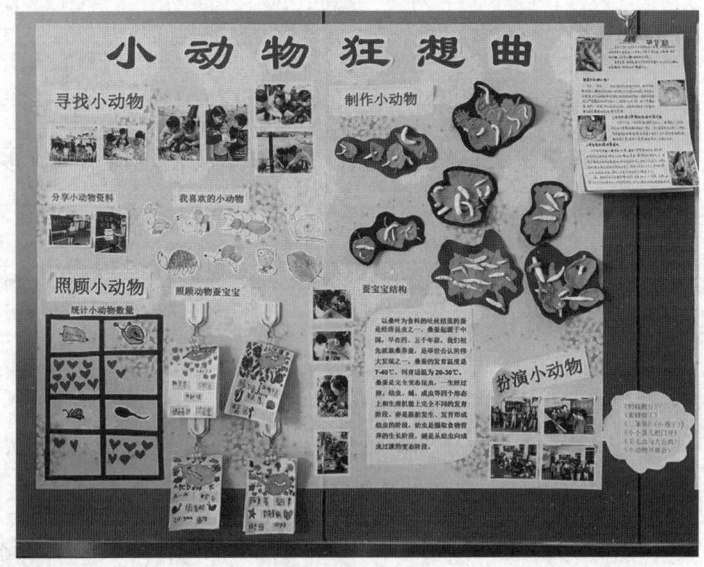

图13　班级墙饰展示

（六）活动反思

我们根据大班幼儿的年龄特点，立足于对蚕宝宝主要特征的观察和感知，在活动一开始就让幼儿自由照顾并观察蚕宝宝的外形特征，活动中始终让幼儿处于一个宽松、和谐、自由的氛围中。在观察感知的基础上，再让幼儿将自己的发现与同伴、老师交流。活动过程中，幼儿每组自制"蚕宝宝记录本"，幼儿通过日常点点滴滴的观察记录、资料收集，不断丰富有关蚕宝宝的信息。他们不仅了解蚕的外形和生长的变化，还知道蚕吃桑叶、蚕蜕皮的原因。教师就是一位积极的引领者、支持者与合作者。

四、活动三：油水分离"小蝌蚪"

（一）活动由来

春天是一个美丽的季节，我们经常会在这时利用美丽的春景来丰富幼儿的生活经验，激发其热爱大自然的情感。在班中，我们也请来了许多小客人，如蚕宝宝、小鱼和小蝌蚪等。班上的孩子只要一有空就去自然角看看小蝌蚪有没有变化。看到孩子们对小蝌蚪这么感兴趣，我们就考虑让幼儿用美术手段来表现他们喜爱的小蝌蚪。

（二）活动目标

（1）能有情节地画出小蝌蚪的不同动态，并均匀地用水粉涂色。
（2）尝试用油水分离的绘画手段，巧妙地利用油画棒等绘画工具进行创作。
（3）感受油水分离画的奇妙效果，感受色彩变化的美。

（三）活动重点

尝试油水分离的绘画方式。

（四）活动难点

有情节地画出小蝌蚪的不同形态。

（五）活动准备

经验准备：在班中观察小蝌蚪的各种不同动态，模仿小蝌蚪动作。
物质准备：水粉颜料、彩色硬卡纸、绘画纸若干、油画棒、毛笔刷、调色盒等。

（六）活动过程

1. 引导讨论

欣赏视频《小小蝌蚪游啊游》，引导幼儿讨论、模仿小蝌蚪游动时的不同动态。

（1）引导幼儿观察想象，小蝌蚪在哪里游？都有什么？

（2）小蝌蚪在游动时的正面、侧面、尾巴的位置分别是什么样的？

2. 用油画棒进行情境创作

（1）请幼儿根据自己的意愿创设情境，进行自主创作（见图14）。

（2）幼儿创作时，提示幼儿注意作品的布局分配。①引导幼儿思考画的小蝌蚪在干什么？画在什么位置？②仔细观察小蝌蚪游动时的动作及小蝌蚪间的互动。③幼儿创作时提醒幼儿：用油画棒时要有力度。

图14 油画棒创作

3. 油水分离画的画法

（1）引导幼儿观察水粉经过油画棒画面时产生的油水分离的奇妙绘画效果。

（2）幼儿尝试操作绘画，教师巡回指导（见图15）。

图15　油水分离画

4.分享作品，并将其布置于班级环境中

结合春季系列活动，请幼儿为大家介绍自己的作品内容和制作方法（见图16）。

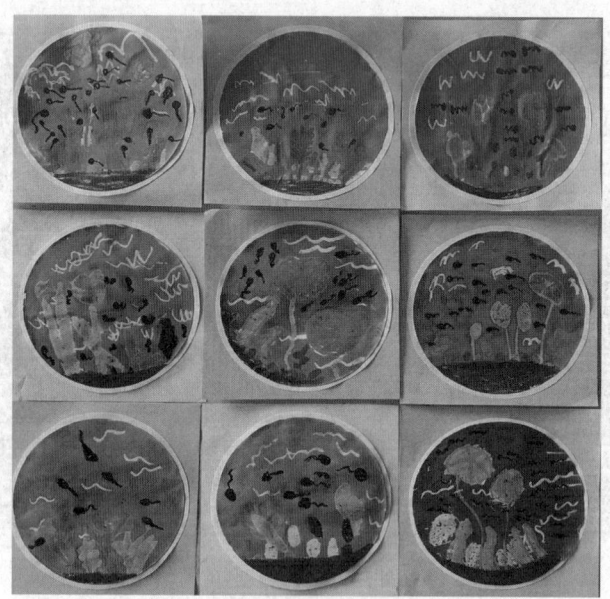

图16　春季系列活动作品展示

（七）活动反思

用油画棒取代水彩笔作画，新鲜有趣。绘画的过程既是创造的过程，又是想象的过程。以前绘画时，我们都使用水彩笔或勾线笔进行描绘，而这次活动中孩子们尝试了油画棒直接描绘。刚开始，也有个别孩子显得有些拘谨，不敢动笔，但经过鼓励及看了同伴的画面后，他们慢慢地画开了，而且越画越起劲。这次教学活动以幼儿的发展为前提，让幼儿在兴趣中使学习任务变得积极、主动，使幼儿在动脑动手实践中观察、思考和想象，鼓励幼儿努力感受美、欣赏美、创造美，幼儿也在实践活动中逐渐形成了爱好。

五、活动四：纸盘毛根鱼（手工）

（一）活动由来

毛根身体柔软、颜色鲜艳、可塑性强又能重复使用，孩子们非常喜欢。在美工区里，孩子们也经常摆弄毛根，结合班级近期开展的春季活动"小动物狂想曲"主题，我们设计了用毛根创意手工制作毛根小鱼的活动。

（二）活动目标

（1）尝试根据毛根柔软的特性，大胆表现富有创意的小鱼形象。

（2）通过折、卷、弯、拧、绕等技法，锻炼幼儿小肌肉的灵活性及创造性。

（3）愿意参加手工活动，体验毛根制作的乐趣。

（三）活动重点

尝试用多种技法表现毛根。

(四)活动难点

有创意地大胆表现小鱼的形象。

(五)活动准备

(1)经验准备:有玩过毛根的经验。

(2)材料准备:各种颜色毛根若干,各种花纹小鱼PPT、纸盘、水粉颜料、彩泥、假眼睛、剪刀和胶棒等。

(六)活动过程

1. 视觉导入

(1)播放"各种颜色小鱼"的PPT,引起幼儿兴趣。提问:"你看到了什么鱼?什么样花纹的小鱼?"

(2)出示毛根,请幼儿想象毛根可以怎样玩?小结:毛根是我们生活中的好朋友,它的身体很柔软,可以折、拧、绕、卷、弯等,然后变换出各种不同的造型。

(3)幼儿相互讨论自己的创意小鱼。与幼儿讨论:"你准备制作一个什么样的毛根小鱼?怎样制作?先做好小鱼轮廓,再进行装饰。"

2. 幼儿尝试操作用毛根制作小鱼

(1)幼儿在创作时,提示幼儿在装饰小鱼时,首要固定好小鱼轮廓再进行缠绕。

(2)想好自己要制作的小鱼作品,注意颜色的搭配要鲜艳、作品要完整等。

(3)毛根是由软铁丝和绒线制作而成的,两端容易划伤皮肤,用之前先把两端往里弯,然后拧紧。

(4)幼儿创意制作,教师巡回指导并充分肯定,鼓励幼儿的大胆想法(见图17)。

大班"小动物狂想曲"主题系列活动：让春天"活"起来

图 17　手工制作毛根小鱼

（5）在丰富情境时，根据需要用辅材制作一些背景事物，如纸盘池塘、彩泥海草等，提示幼儿注意作品的布局分配。

3. 分享展示

作品相互欣赏、交流，将幼儿作品展示在美术展示柜中（见图 18）。

图 18　毛根作品展示

（七）活动反思

活动开始时，用毛根制作的小鱼以直观形象的形式吸引孩子的视觉注意力，幼儿在观察中发现范例制作中运用了拧、折、弯等技巧；在制作过程中，尊重幼儿的学习方式、特点，作为引导者、支持者和合作者，面向全体幼儿；遇到问题时，及时给予幼儿帮助。与此同时，还要利用多种材料，来呈现美、展示美。

六、活动五：化茧成蝶（音乐表演）

（一）活动由来

小动物是孩子们的亲密伙伴，结合班级近期开展的春季活动"小动物狂想曲"主题，孩子们在表演区进行一些动物装扮，以"毛毛虫变蝴蝶"为契机，融入音乐特效，借助戏剧的范式，生成了这场用肢体表现小动物的音乐表演活动。

（二）活动目标

（1）愿意参与音乐活动，尝试用不同的肢体动作表现蝴蝶的身体造型。

（2）能随音乐大胆想象，用肢体、语言和表情等互相表达爱。

（3）在游戏中与同伴协商分角色表演，感受并体会帮助别人给自己带来的快乐。

（三）活动重点

尝试用不同的肢体表现蝴蝶的身体造型。

（四）活动难点

能随音乐大胆想象变现造型及表达爱。

（五）活动准备

（1）经验准备：幼儿熟悉故事《毛毛虫与大公鸡》。

（2）物质准备：毛毛虫音乐、蝴蝶音乐、有关爱的音乐及放松舒缓的音乐。

（六）活动过程

1. 暖身活动——"动物跑跑跑"

幼儿围成圆圈，依次说出动物名称（毛毛虫、公鸡、蝴蝶），教师喊出一种动物名称，如毛毛虫，所有是毛毛虫的幼儿互相交换位置。教师可同时喊出两种动物名称，并让扮演两种动物的幼儿交换位置。当喊出"动物狂欢"时，所有动物交换位置。需要强调的是，最后回到位置的幼儿站在中间当指令人（见图19）。

图19 暖身活动

2. 表演故事

（1）回忆故事《毛毛虫与大公鸡》，情景引入。

（2）在情境中，帮助幼儿理解故事内容，鼓励幼儿用语言、肢体和动作表现毛毛虫变蝴蝶的场景（见图20、图21）。①毛毛虫是怎样将自己包起来变成茧的？又是怎样从茧里出来的？②蝴蝶是怎样飞舞的？落在花朵上是什么样子？③当公鸡和蝴蝶相遇时，是怎样表达爱的？

（3）分别请几组幼儿在圈内再现场景，两人讨论分角色扮演，大胆地用语言、表情等方面表现自己对角色的理解。

图 20　肢体动作表现　　　　图 21　肢体表现小动物

3. 集体分角色表演"化茧成蝶"

（1）播放蝴蝶音乐，幼儿进行表演游戏。教师念旁白并提示，鼓励幼儿积极参与表演游戏，互相表达爱，体验游戏的快乐。

（2）游戏结束后互换角色并再次尝试。

4. 放松活动

播放舒缓的音乐，请幼儿在游戏位子上慢慢坐下，闭上眼睛。教师用轻柔的声音与幼儿一起回忆故事片段，幼儿自由做动作，放松心情。

（七）活动反思

教师在活动中的角色应该是一个讲故事的人、裁判或者魔法师，借助"戏剧"的范式，引导激发幼儿的表现欲望，鼓励幼儿大胆进行个性化、多样化的表现，让幼儿在自由空间里创造想象，运用肢体、声音去表达角色的情境，解决角色的问题，从中获得自我肯定。角色完全由孩子们自主选择。孩子们会独立或结伴通过肢体动作去展现适合自己的角色，幼儿在动体、动手、动口的活动中感受体验，充分发挥想象力和创造性。

"小动物狂想曲"系列活动下来,孩子们都意犹未尽。每一位孩子在参与创造的过程中尝试各种解决办法,体验了游戏的快乐,活学活用,让春天"活"起来,促进了幼儿情感认知、活动能力的全面发展。

(八)活动点评

活动环节清晰,层层递进。活动中,教师以"寻找"为切入点,让幼儿走进大自然自主体验、发现和探索,在哪里可以找到小动物,激发幼儿的好奇心和挑战性,让幼儿在活动中主动地建构相关知识。在教学中,教师注重加强幼儿技能和动手能力的培养,不仅能让幼儿发挥想象力、创造力,还能开发智力使幼儿动手动脑,丰富他们的生活经验,充分体现幼儿是积极主动的学习者,培养他们的兴趣,提升相应的技能。与此同时,教师还能借助"戏剧"的范式,以戏剧人多重的身份来引导和激发幼儿创造性的表达和表现,逐步丰富幼儿的经验,从平面走向立体,给人以美的感受和体验。我们发现,教师只要用心观察生活,随时随地都可以跟幼儿一起游戏、学习,和幼儿共同成长。

大班社会活动：秋游职业体验

杜泉洁 *❶

一、活动来源

"职业体验活动"遵循的是陈鹤琴"活教育"中的做中学、做中教、做中求进步的原则。迷你世界是一个浓缩的小社会，幼儿可以在这里体验不同的职业，放飞职业梦想。该活动符合大班幼儿的年龄特点，能更好地将启蒙教育与社会实践相结合，以此来提高幼儿的认知水平，增强其身体、心理和道德素质，让幼儿学会在团队中合作，学会在困难面前不低头，学会通过自己的努力达到成功。

二、活动总目标

（1）通过角色扮演，学习每个体验项目的相关知识。

（2）感受不同社会角色所付出的辛苦。

（3）学习不同职业的操作技能。

三、活动准备

（1）经验准备：有秋游外出的经验及在公共场所游玩的经验。

---

* 作者简介：杜泉洁，北京市东城区光明幼儿园，教师。

（2）物质准备：人手一份职业体验计划表、职业体验实施记录表、记录笔。

四、系列活动

（一）秋游所需物品清单

1. 活动目标

（1）根据秋游当天的活动商定所需物品。

（2）能用简单的符号或图画表现物品的特征。

2. 活动过程

教师与幼儿一同沟通秋游当天的行程和注意事项。幼儿大概了解之后，教师问小朋友："秋游我们需要准备哪些东西？"幼儿你一言我一语地谈开了："纸巾、帽子、晕车药、食物、水、垃圾袋、相机、书包……"教师问："这些物品是全部都要带吗？"有的幼儿马上举起手来，"我不用带晕车药，我不晕车。""不用戴帽子，我们在屋子里活动。"幼儿说了很多，将他们所说的物品画在黑板上，并带领幼儿进行统计"食物有几位小朋友认为需要带""外套有几位小朋友认为需要带"。然后，根据幼儿的意愿和情况统计出秋游所要带的必需品和依据个人情况所要带的物品。最后，请幼儿画出自己所需的秋游物品清单，并在秋游前一晚根据自己所画的物品清单进行准备（见图1）。

图1 秋游所需物品讨论

（二）制订职业体验计划

1. 活动目标

（1）能清楚、连贯地表达自己的想法和愿望。

（2）会制订、讨论秋游计划。

2. 活动过程

制订计划前，教师问："小朋友都知道职业都有哪些？""工人、警察、农民、消防员、护士、建筑师、厨师、老师、画家……"幼儿都踊跃发言。"你们知道这些职业都要做哪些工作吗？""警察要去抓坏人，厨师要去做饭……""你们想体验什么职业呢？""宇航员、医生、饲养员……"幼儿们都很激动。然后，请幼儿在小组中讨论这次秋游都想体验什么职业？要做什么工作？用符号或图画的方式记录下自己的想法，稍后讲给大家听（见图2）。

图2　画职业

（三）职业体验

1. 活动目标

（1）能遵守简单的社会规则，如排队、文明用语等。

（2）能认真地完成一件事情，不怕困难，坚持到底。

2. 活动过程

活动开始前，召开简短的家长会，告诉家长外出活动的注意事项，确定家长早上来园的集合时间、沟通秋游当天不画考勤等，还要对幼儿进行安全教育及环保教育。活动当天，家长和幼儿在家吃完早饭后，8：30准时在前操场集合。8：45发车到玉泉营迷你世界，下车后由当地导游统一安排进入体验中心。9：55家长、幼儿和老师共同合影留念。10：00开始职业体验活动（家长和幼儿自行解决午餐）。14：00集合，乘车回园。14：30下车后，家长带幼儿回家（见图3）。

图3 迷你世界体验（一）

（四）实施计划记录

1. 活动目标

（1）能根据自己实施计划的情况进行记录。

（2）用完整连贯的语言当众表达自己的感受。

2. 活动过程

邀请幼儿展示自己所制订的秋游计划和秋游当天体验的反馈。教师问幼儿："你都体验了哪些职业？和你制订的想要体验的职业有不同的地方吗？你在你的计划上做标记了吗？"并请幼儿当众说一说职业体验的过程和感受，如"我体验了什么职业，我做了哪些工作，结果是什么，我觉得这个职业怎么样，我是否喜欢这一职业"等（见图4）。

图4 职业体验反馈

（五）活动总反思

秋游前，我们开展了相关的教育活动，与幼儿共同商讨并制订了秋游物品计划和体验角色的计划。与家长沟通,引导家长遵循孩子意愿,鼓励幼儿认真负责地完成自己所参与体验的任务。通过前期的教育,孩子们对此次的秋游活动很期待。

活动中,幼儿根据自己的爱好和兴趣去寻找职业场馆,对自己感兴趣的职业进行体验。孩子们兴奋地穿上不同的职业服装,带上道具,认真听取工作人员的讲解,履行各行各业的职责,体验各自的社会角色。工作人员还为每个孩子提供了迷你币,让每个孩子都在体验活动中尝试劳动的辛苦和快乐。体验结束后,孩子们都意犹未尽,依依不舍地离开了体验馆。

活动的最后,引导幼儿回顾自己制订的体验计划,交流体验的感受让幼儿对此次秋游活动有了完整的认识,同时也让幼儿积累了记录实施计划的经验。

本次活动为孩子们搭建了体验生活、感受不同职业的机会,促进了幼儿亲近社会行为的发展。孩子们在参与实践的同时,也学到了每个体验项目的相关知识,通过角色扮演,巧妙地将学习与实践结合起来,还在活动中培养出了不怕困难的勇气。

(六)活动点评

《幼儿园教育指导纲要(试行)》中指出:环境是重要的教育资源。幼儿的发展是在与周围环境的相互作用中实现的,在"秋游职业体验活动"中选择了"迷你世界"这一有趣的场所,激发了幼儿与环境互动的强烈愿望。依据陈鹤琴先生"大自然、大社会都是活教材"的课程论,在前期活动中教师调动了幼儿已有的秋游经验,通过列出秋游物品清单来培养幼儿依据活动准备物品的习惯和能力。为了使幼儿感受不同职业的乐趣和辛苦,培养幼儿认真做事情、坚持到底的品质,教师逐步地进行引导。制订计划、实施计划、记录反馈这三个环节,让幼儿在活动中玩得更加尽兴,认识得更加深刻,充分地体现了陈鹤琴先生"做中教,做中学,做中求进步"的方法论。所以说,这是一个养习惯、育品质、重体验的"活"的活动。

大班社会活动：我会设计安全标志

曹 月 *❶

一、活动来源

在日常生活中，有的孩子对于各种安全标志认识得不多，只认识一些注意危险、注意防火等简单的安全标志，然而孩子们都充满了好奇心，什么都想看一看、摸一摸，试一试。由于他们缺少生活经验和常识，不能很好地把握什么事情能做，什么事情不能做，对一些有可能会造成伤害的事情缺乏防范意识和应对能力，因而在日常生活中常常发生一些意外。为保证孩子的健康和安全，防止意外伤害的发生，我们需要对幼儿加强安全教育的培养。新《幼儿园教育指导纲要（试行）》中所提到的"应培养幼儿对生活中常见的简单标志和文字符号的兴趣"。这节活动课在安全标志中选择了一些贴近幼儿生活、能为幼儿理解的标志符号，通过游戏方式轻松学习，增进幼儿的安全意识和规则意识，并用自己所理解的图画和符号的方式提示小朋友们。

活动目标：通过制作、粘贴安全标志，知道保护自身安全的重要性；初步懂得保护自己的方法，不做危险动作。

活动重点：初步懂得保护自己的方法，不做危险动作。

活动难点：学习设计简单的安全标志。

活动准备：经验准备。知道哪些行为是危险的，哪些行为是安全的。物质准备。安全标志图片、楼道图片若干、彩笔和纸等。

---

* 作者简介：曹月，北京市东城区光明幼儿园，教师。

二、活动过程

（一）讲一讲，出示图片，激发幼儿兴趣

1. 出示图片

出示安全标志图，在哪里见过它？请小朋友们说一说这是什么？告诉我们什么？它的作用是什么？

2. 提问

安全标志会提醒我们什么？如果没有这个标志会容易发生什么？

3. 提示

警告标志代表着要小心，不要触碰等。这些图片为了让我们注意什么？我们应该怎么做？

（二）说一说，出示图片，寻找安全标志的地方

1. 出示图片

将楼道里的照片展示给大家，请幼儿说一说哪些地方需要有安全提示。

2. 提问

找一找危险的地方，说说它们为什么危险？（见图1）

图1 危险提示图

幼儿A:"楼道。"

幼儿B:"楼梯。"

3. 提示

我们应该怎么做才是安全的?

幼儿A:"要按照顺序上下楼梯。"

幼儿B:"不能在楼梯上打闹。"

4. 提醒

那我们可以怎么提示其他小朋友?有什么好的方法?

教师:"可以将提示的内容画下来告诉其他小朋友提示他人注意安全。"

(三)找一找,寻找班级中不安全的地方

(1)请小朋友们找一找班级里面的不安全地方(见图2)。

幼儿A:"门。"

幼儿B:"挂钩。"

幼儿C:"电源。"

(2)请小朋友们在班级中找到的不安全的地方,为什么存在危险?

幼儿A:"门容易让手受伤。"

幼儿B:"挂毛巾的挂钩很锋利。"

幼儿C:"插座中有电很危险。"

(3)我们应该怎么做?怎样提示小朋友们?说一说你的好方法。

幼儿A:"可以做一个提示牌告诉大家。"

幼儿B:"我们也可以做一个标志。"

图2

(四)做一做,尝试制作安全提示标志

(1)讨论:我们要怎样提示小朋友?怎么将内容画出来?

(2)制作不同的安全标志。请将提醒的内容画下来,提示其他小朋友注意安全。

(五)幼儿设计制作,老师巡回指导

(1)幼儿绘画制作安全标志。

(2)提示幼儿将画面丰富,提示要清楚明确,设计安全提示和警告标志。

(六)贴一贴,张贴安全标志

(1)请幼儿将提示牌贴到认为不安全的地方(见图3)。

图3 张贴安全标志

(2)请幼儿说说自己设计制作的标记为什么贴在这里?

(3)幼儿之间相互分享和交流自己的想法。

三、延伸活动——设计家庭安全标志

1. 活动目标

（1）愿意用自己的方式，提示家人保护自己的方法。

（2）愿意分享自己设计的安全标志，有爱护家人的意识。

2. 重点指导（见图4、图5）

图4　设计安全标志　　　　图5　设计安全标志

（1）在家中寻找需要张贴安全标志的地方。

（2）设计安全标志，提示家人保护自己的方法。

（3）在班级中分享自己设计的安全标志，介绍给小朋友们了解，萌生保护他人的自豪感。

四、活动反思

在活动的最后一个环节，让小朋友自己寻找班级里哪个位置应该贴上安全标志，每个小朋友都十分愿意去找。结尾这个环节是整个活动最积极、最热闹的，让他们学以致用，知道什么地方是有危险的，应该要怎么去做。让孩子从小养成遵守规则的习惯，善于观察生活中的各种安全标志，理解、遵守并能传播这种安全知识。孩子们都能跟着老师的思绪开展活动,真正体现了活动的有效性。活动中,教师帮助幼儿总结和提升,并和幼儿讨论如何用画画的方式提示弟弟妹妹,真正使孩子成为活动的主人,帮助幼儿成长和进步。在延伸活动中,孩子们也积极地在家中寻找需要张贴安全标志的地方,用自己的方式提示家人保护自己的方法,萌生爱他人、为他人服务的意识。

五、活动点评

在大班社会活动"我会设计安全标志"中,教师以寻找不安全的地方为切入点,让孩子在活动中自主体验、探索、讨论和设计等,让他们去发现和设计,体现了自主性和创新性。在设计好后,让幼儿将自己的作品进行分享和交流,增加他们对活动设计的自信心。让他们将自己设计的安全提示作品张贴在楼道中、班级中、家中等,萌生关心爱护他人、服务他人的意识。活动环节清晰,过渡自然,使孩子在活动中学习,在活动中进步,真正地让孩子成为活动设计参与的主人。

大班社会活动：我和小车的不解之缘

贾晓青 顾 宇 高 洋 张 旭*❶

升入大班后，时常有幼儿将玩具汽车带到班级里，大家三个一群、五个一伙地一起游戏。前段时间，幼儿园发起了在公共区创办展会的通知，听闻后，孩子们的积极性更高了，纷纷把自己汽车带到了幼儿园。

《幼儿园教育指导纲要（试行）》中指出："教师要善于发现幼儿感兴趣的事物、游戏及偶发事件中的教育价值，把握时机，积极引导。"教师决定把握这次时机，看看孩子们会有什么样的表现呢？

一、这么多车，能办个车展吗

楼道里摆放着各式各样的汽车。凝凝小朋友说："妈妈带我去看过车展，咱们能办一个车展吗？""办车展需要做哪些准备呢？"于是，大家进行了详细的讨论，车展展什么，在哪里展，怎么展？经过讨论，孩子们决定将楼道的车辆进行分类、分组，对质量进行筛选……

孩子们分组进行汽车分类、统计活动，教师观察活动情况。活动前，提示孩子们要明确自己的任务，同伴间要相互配合；选择1~2筐汽车，在记录表上做好标记；用不同的方法进行数量统计，并记录每类汽车的数量。然后，分享怎么分类，每类有多少辆，以及怎么数的。

---

* 作者简介：贾晓青，北京市顺义区杨镇中心幼儿园，教师；顾宇，北京市顺义区杨镇中心幼儿园，保教主任；高洋，北京市顺义区杨镇中心幼儿园，教师；张旭，北京市顺义区杨镇中心幼儿园，教师。

旭旭小朋友最先分享：分类的时候可以按颜色、功能和品牌等分类；分类计数的时候可以一个一个地数，还可以两个两个地数，五个或者五个地数……

活动过程中，孩子们是快乐的，他们小组合作，积极参与分类及统计活动。每天餐后散步环节，他们还会到汽车旁数一数，玩一玩。

二、幼儿园有哪些路，哪些车

一天，旭旭说："老师，咱们一直在操场上骑车，能不能去别的地方骑呀？"提议得到了认可。于是，孩子们骑着小车开始寻找路线。"谁愿意分享一下？""我，我！"欣欣迫不及待地举起了手。然而，在说的时候，她却记不清自己经过了哪些标志物，以及自己是在什么位置变道的。此时教师提议，让她再去寻找、感知、记忆。这次孩子们带上了纸和笔，边寻找边记录。经过多次的寻找，大家找到了5条线路。每个线路有几个路口，孩子们都记录、统计了出来。

在寻找路线的过程中，睿睿说："咱们幼儿园一共多少辆车呀？""这个我还真不太清楚，要不我们一起来数一数吧。""我会数，我来数。"有十多个孩子志愿参加数小车的活动，他们还选出了快车和慢车。

三、怎样设计出合理的行车路线

在实际体验过了以后，孩子们自由分组进行了行车路线设计。第一次活动中，大家都想做交通标志。时间过半，孩子们基本都在做标志，缺乏活动前的讨论工作，最后的效果图也不太理想：箭头方向混乱、交通标志烦琐、限速不适宜等现象较为明显。第二次活动中，浩浩、旭旭等幼儿自告奋勇地当起了小组长。大家提前规划，任务分工，有的人设计路线，有的人制作交通标志，还有的人负责粘贴……

四、幼儿园观光小火车

拥有一辆属于自己的观光小火车是孩子们共同的愿望。你想坐什么样的观光车在幼儿园游玩呢？带着这样的疑问与憧憬，孩子们大胆想象，开始设计观光车。

（一）用什么材质做小车，什么样式

"像华联里小火车一样，得有车头。""我家三轮电动车可以做车头。""三轮的不好，四轮的才好。我坐的小火车车头都是四个轱辘的，不是三个轱辘。"……

"我们有车头了，车身怎么做？我们坐在哪里？"

"上面放小板凳。"

"上面放木板。""木板坐着太累，放我们之前小木床吧，还可以靠着。"

经过讨论，孩子们确定了托马斯样式的小火车，用四轮电动车当车头，废旧小床坐车身。

（二）如何设计站点

这么大的幼儿园，设置几站呢？在哪设置合适呢？

"我想应该在飞船滑梯那有一站，我最喜欢玩那个滑梯了。"

"那还有山楂树，秋天来的客人可以摘山楂吃！"

"应该在小羊那设置一站，我们去喂小羊就不用走着去了。"

"应该在足球场，我喜欢踢足球。"

"在 CS，可以去那里开展激烈的战斗。"

"可以在摇摇那设置一站，可以到那里休息。"

孩子们说出自己的想法，并按这些想法设立站点，但很快他们就觉得站太多了，刚开动就要停车。"我们把挨着的场地放在一起，可以减少停车次

数。"翔翔说。看孩子们讨论得积极,教师又问道:"将哪些地方归为一站呢?"经过激烈讨论,最终孩子们决定第一期观光线路共设置五站:飞船乐园站、泥巴乐园站、萌宠乐园站、球球乐园站、迷彩乐园站。这五站包含孩子们所有喜欢去的地方。

五、小导游要做什么

"小导游要做什么呢?""给大家介绍小火车的线路吧!"这个提议马上得到大家的认可!

经过讨论,孩子们制订出了导游词,天天:"导游还可以做什么?""我跟妈妈去旅游,还给我们取票、发票呢!"东东说。"我们也有火车票,我们也发票吧!"月月说。

龙龙说:"还可以提示安全的问题。"

教师也分享了自己的想法:"火车启动时会说:'各位乘客大家好,欢迎大家乘坐×××号,本车开往×××!'"经过提醒,很多孩子也回忆起自己乘坐火车的经历。

"我们该怎么说呢?"孩子们也开始讨论。月月说:"我们应该说:各位乘客大家好!欢迎来到杨镇中心幼儿园,乘坐'阳光号'小火车!"月月的说法得到了大家的一致认可。

六、小床还可以变成什么

由小床改造的小火车非常成功,孩子对于改造的热情更高了。于是,孩子们又开始了改造小床的活动。

(一)小床变成小书架

糖糖说:"要是能在紫藤萝下阅读是一件多么幸福的事呀。"洋洋说:"我觉得我们可以自己制作一个既可以休息又可以看书的小书架。"于是，孩子们请来郝爷爷帮忙改造，很快改成孩子们喜欢的小书架。

（二）小木床变成小秋千

欣欣说："小木床能摇起来就更好了！"追随孩子的想法，教师及时抛出问题："小木床怎么摇起来呀？"洋洋说："我们用绳子把小木床吊起来就可以摇起来了。"可可说："绳子不可以，应该用铁丝。""我们可以试一试。"于是分成两组开始动手，用铁丝组的孩子很快将小床吊起来了，但是小床在摇晃的过程中总是不能平衡，"不行，一点儿也不平稳，怎么还咯吱咯吱地响呀？我们还是换种材料吧！"木木说。绳子组的孩子们倒是很顺利，不过天天说："这样要是长时间摇晃绳子就会断了，我看见公园的秋千都会安上一个铁环，这样更牢固。"于是，在孩子们的参与下，美丽的小秋千做成了。

就这样，在孩子们主动的探究与实践下，小木床变成了小帐篷、小鞋架……

七、总结与反思

回顾整个主题教育活动，动静交替，各个环节互相整合，幼儿的能力得到充分的发展。由废旧小木床改造的"阳光号"小火车研制成功了！为了方便小乘客，大家开始了站牌的讨论、规则的商讨、小导游的培养……然而，探索到这里还远没有结束，孩子们继续奇思妙想，像孙悟空一样七十二变。这些生动的案例，再一次证明了一句话：兴趣是最好的老师。

在活动里，我们针对孩子们的兴趣与关注点，适时提问，生成新的内容，使孩子们保持兴趣，并慢慢地由教师的引导转化为孩子们的自主性学习，真正达到教育的目的。

稍有遗憾的是，大家的设计并不完美，课程偏重认知，对情感与个性方面还深入得不够；在发挥幼儿的想象上，仍然有提升的空间。

八、活动点评

陈鹤琴先生教育观中指出，教师必须尊重幼儿的自主性；教育方法应当是做中教、做中学、做中求进步。本课程来源于幼儿生活，着眼于儿童，教师注重课程对幼儿发展的意义和价值，从生活中筛取课程内容，根据幼儿兴趣开展活动。

活动开展过程中注重幼儿体验式学习，调动幼儿全部的感官和心灵，动手动脑，参与其中；发表自己的见解，发现和解决问题，养成各种学习品质。教师和幼儿相互影响、相互作用。教学富有弹性，以幼儿的发展和生活需要为中心，教师与幼儿共同成长、共同发展。